L'AUTRICHE

SOUS

MARIE-THÉRÈSE

PAR M. TODIÈRE

AGRÉGÉ DE L'UNIVERSITÉ

ANCIEN MAITRE DES CONFÉRENCES D'HISTOIRE AU LYCÉE SAINT-LOUIS, A PARIS
PROFESSEUR D'HISTOIRE AU LYCÉE IMPÉRIAL DE DIJON
OFFICIER DE L'INSTRUCTION PUBLIQUE

> Le plus grand éloge qu'on puisse faire de cette princesse est renfermé dans ces mots : Elle était adorée de ses sujets, et, au bout de cinquante ans, son souvenir est aussi vivant qu'au moment de sa mort.
>
> (SCHOELL, *Cours d'histoire des États européens*, t. XLI, p. 302.)

ROUEN

MÉGARD ET Cie, IMPRIM.-LIBRAIRES

1855

BIBLIOTHÈQUE MORALE

DE

LA JEUNESSE

PUBLIÉE

AVEC APPROBATION

Marie-Thérèse présente son fils aux Hongrois.

Avis des Éditeurs.

Les Éditeurs de la **Bibliothèque morale de la Jeunesse** ont pris tout à fait au sérieux le titre qu'ils ont choisi pour le donner à cette collection de bons livres. Ils regardent comme une obligation rigoureuse de ne rien négliger pour le justifier dans toute sa signification et toute son étendue.

Aucun livre ne sortira de leurs presses, pour entrer dans cette collection, qu'il n'ait été au préalable lu et examiné attentivement, non seulement par les Éditeurs, mais encore par les personnes les plus compétentes et les plus éclairées. Pour cet examen, ils auront recours particulièrement à des Ecclésiastiques. C'est à eux, avant tout, qu'est confié le salut de l'Enfance, et, plus que qui que ce soit, ils sont capables de découvrir ce qui, le moins du monde, pourrait offrir quelque danger dans les publications destinées spécialement à la Jeunesse chrétienne.

Toute observation à cet égard peut être adressée aux Éditeurs sans hésitation. Ils la regarderont comme un bienfait non seulement pour eux-mêmes, mais encore pour la classe si intéressante de lecteurs à laquelle ils s'adressent.

AVERTISSEMENT.

Quelques écrivains ont recueilli avec la plus scrupuleuse exactitude les détails des victoires et des conquêtes qui ont immortalisé les héros. Si le public accueille favorablement les livres dans lesquels on ne trouve que le récit des batailles fameuses dont tant de milliers d'hommes ont été les victimes, avec quel intérêt ne doit-on pas étudier l'histoire d'une impératrice qui gouverna quarante ans une des plus grandes parties de l'Europe, consacra tous les instants de sa vie au bonheur de ses peuples, et ne sembla jouir du pouvoir souverain que pour répandre des bien-faits ? C'est sans doute l'ouvrage le plus agréable que l'on puisse offrir aux lecteurs. Guidé par cette pensée, j'ai entrepris de raconter les évènements si importants du règne de Marie-Thérèse, évène-ments qui ont rendu cette illustre héritière de la maison d'Autriche, l'objet de la vénération de toute l'Europe.

Les rois sont les modèles sur lesquels se forment les grands et le peuple. C'est donc servir l'humanité que de lui donner l'histoire des bons rois, de ceux qui ont compris le noble rôle que la Providence les destine à jouer sur la terre. Leurs actions, exposées à tous les regards, brillent d'un éclat qui les caractérise, et leurs vertus sont des exemples dont les hommes peuvent profiter. Parmi les souverains du xviiie siècle, aucun n'a mieux accompli que Marie-Thérèse, la mission que leur avait imposée le ciel de travailler au bonheur de leurs peuples ; aucun ne porta la couronne avec plus de gloire. Dans sa bonté inépuisable, la digne fille de l'empereur Charles VI se reprochait le temps accordé au sommeil, comme s'il eût été dérobé à ses sujets. Aussi la postérité reconnaissante a-t-elle placé son auguste nom à côté de celui des bienfaiteurs du genre humain auxquels elle a voulu ressembler.

L'AUTRICHE

SOUS

MARIE-THÉRÈSE.

CHAPITRE I.

Fermeté de Marie-Thérèse. — Commencements de la guerre de la succession d'Autriche.

Naissance et qualités de Marie-Thérèse. — Mariage de cette princesse avec François-Étienne de Lorraine. — Mort de Charles VI. — Avènement de Marie-Thérèse. — Ses premiers actes. — Prétendants à la succession d'Autriche. — Le roi de Prusse, Frédéric II, envahit la Silésie. — Sages dispositions de Marie-Thérèse. — Belle défense du colonel Roth dans la ville de Neiss. — Naissance de l'archiduc Joseph. — Bataille de Molvitz. — Couronnement de Marie-Thérèse à Presbourg. — Alliance de Nymphembourg. — Marie-Thérèse implore le secours des Hongrois. — Prise de Prague par l'armée franco-bavaroise. — L'électeur de Bavière élu empereur sous le nom de Charles VII. — Succès de Khevenhuller. — Marie-Thérèse traite avec le roi de Sardaigne. — Bataille de Chotusitz. — Traité de Breslau avec Frédéric II. — Blocus de Prague. — Expédition inutile de Maillebois. — Retraite du maréchal de Belle-Isle. — Honorable capitulation de Chevert. — Charles VII rentre dans sa capitale qu'il est bientôt obligé d'abandonner une seconde fois. — Bataille de Dettingen. — Le prince Charles essaie de passer le Rhin. — Opérations militaires en Italie. — Traité de Worms.

Marie-Thérèse naquit le 13 mai 1717, de l'empereur Charles VI et d'Élisabeth-Christine de

Brunswick. Après la mort de l'archiduc Léopold, son fils unique, Charles VI résolut d'assurer la succession de ses États héréditaires à sa fille aînée, l'archiduchesse Marie-Thérèse. Dès la même année, il publia dans ce but sa *pragmatique sanction*, par laquelle il réglait qu'à défaut d'enfants mâles de sa race, ses filles lui succéderaient par ordre de primogéniture, préférablement à celles de l'empereur Joseph Ier, son frère. Il travailla pendant près de trente ans à revêtir cette disposition d'un caractère sacré, en la faisant ratifier par les états provinciaux de ses pays héréditaires, par ses nièces et leurs époux, les électeurs de Saxe et de Bavière, et par la plupart des grandes puissances de l'Europe.

Instruite sous la direction de la vertueuse Élisabeth de Brunswick, la jeune Marie donna bientôt les plus grandes espérances. Son enfance même annonça en elle des qualités supérieures à son sexe, celles qui immortalisent les bons rois et révèlent les grands hommes. Un esprit juste et pénétrant, un cœur sensible et généreux, une âme ferme et courageuse, les charmes de la beauté, et plus encore l'ascendant d'un caractère fait pour dominer les autres, furent les dons heureux qui présagèrent ce qu'elle serait un jour. On remarquait dans la princesse, ainsi que dans l'impératrice sa mère, un air de modestie, de douceur et

de majesté qui inspirait autant de confiance que
de respect. Elle s'employait avec empressement
afin d'obtenir des grâces, et c'était pour elle un
bonheur que de pouvoir en accorder. Comme elle
ne cessait d'en solliciter auprès de son père : « Je
vois bien, lui dit un jour celui-ci, que vous ne
voudriez être reine que pour faire le bien. — Il
n'y a que cette manière de régner, répondit-elle,
qui puisse faire supporter le poids d'une couronne. » Toutes les actions de la jeune archiduchesse tenaient de l'éclat de sa dignité et de la
bonté de son âme.

Le 12 février 1736, Marie-Thérèse épousa
François-Étienne, duc de Lorraine, investi l'année
suivante du grand-duché de Toscane, à la place
de celui de Lorraine qu'il avait cédé à la France.
L'inclination, qui ne préside pas toujours aux ma-
riages des princes, prépara la félicité de celui-ci.
François, élevé à la cour de Charles VI, eut une
éducation presque commune avec l'archiduchesse;
la conformité de caractère fit germer dans leur
cœur le goût constant des mêmes vertus. Après
de longs soucis, l'amour paternel de l'empereur
sentit la joie la plus pure de cette union, qui
allait faire revivre son nom prêt à s'éteindre, et
contribuer au bonheur de l'Autriche. Trois ans
plus tard, le grand-duc François-Étienne fit avec
son épouse son entrée solennelle à Florence, au

milieu des acclamations unanimes du peuple. Charles VI étendit alors l'investiture même sur les femmes, ce qui n'avait pas été accordé à Jean Gaston, le dernier rejeton de la famille des Médicis. François établit le gouvernement et institua pour les jeunes nobles une académie où il appela les professeurs de Lunéville. Mais la grande-duchesse ayant quitté la Toscane vers la fin d'avril, il s'empressa de la suivre à Vienne. L'empereur le nomma lieutenant général pendant la guerre contre les Turcs, à laquelle il avait d'abord assisté comme volontaire, et ensuite généralissime de son armée.

Charles VI, prince d'une bienveillance inaltérable, ami des sciences et des arts, mais faible et privé des moyens que demandait le gouvernement de ses vastes États, descendit dans la tombe avec le regret d'avoir perdu tout le fruit des conquêtes du prince Eugène (20 octobre 1740). De ses trois filles, deux seules vivaient encore : Marie-Thérèse et Marie-Anne, âgées la première de vingt-trois ans et la seconde de vingt-deux. Marie-Thérèse se trouvait à Vienne au moment de la mort de son père. Elle fut aussitôt proclamée souveraine de tous les États héréditaires de la maison d'Autriche, selon les dispositions de la pragmatique sanction, sous le titre de reine de Hongrie et de Bohême, archiduchesse d'Autriche. Dans cette cérémonie, elle déploya tout l'appareil de la majesté royale ; placée sous un dais magnifique, le bonnet archiducal sur la tête, elle reçut les hommages des députés de la haute et de la basse Autriche. Son premier acte d'autorité fut un témoignage d'amour qu'elle donna au grand-duc de Toscane en le déclarant son corégent, ce qui ne fut pourtant qu'un simple titre, car quoiqu'elle aimât tendrement son époux et qu'elle s'éclairât quelquefois de ses conseils, elle ne lui donna aucune part au gouvernement. Par un acte particulier, Marie-Thérèse transféra sur le grand-duc le suffrage électoral de Bohême et tous les droits qui y étaient attachés. Elle le nomma aussi grand-maître de l'ordre de la Toison d'or et lui prépara le chemin du trône impérial.

La jeune reine trouva ses États épuisés d'argent et dégarnis de troupes ; le trésor ne renfermait pas plus de 100,000 florins, dont elle se servit pour ses premiers besoins ; l'armée comptait à peine 36,000 hommes, indépendamment des forces envoyées en Italie et dans les Pays-Bas. Cet épuisement excita une foule de prétendants à méconnaître les droits de Marie-Thérèse et à lui disputer une succession que lui avait garantie la sainteté des serments. Le prince Eugène avait dit à Charles VI qu'une armée de 100,000 hommes défendrait mieux sa pragmatique sanction que

100,000 traités. Les évènements prouvèrent qu'il avait eu raison de tenir un tel langage. Du reste, la tentation devait être grande : il s'agissait d'un immense héritage. Il se composait des royaumes de Hongrie et de Bohême, de la Souabe autrichienne, de la haute et basse Autriche, de la Styrie, de la Carinthie, de la Carniole, de la Silésie, de la Moravie, des Pays-Bas, du Brisgau, du Frioul, du Tyrol, du Milanais, du Mantouan, du duché de Parme et de Plaisance.

L'électeur Charles-Albert de Bavière réclama la succession d'Autriche comme descendant de l'archiduchesse Anne, fille de l'empereur Ferdinand Ier. Son ambassadeur à la cour de Vienne osa même, aussitôt après la mort de Charles VI, donner l'ordre à tous les ministres de l'empereur de se rendre près de lui. Mais sa lettre d'invitation lui fut renvoyée sans avoir été ouverte, et les habitants de la capitale menacèrent de le massacrer. L'électeur de Saxe et roi de Pologne, Auguste III, allégua ses droits plus récents, ceux de sa femme, fille aînée de Joseph Ier. Le roi d'Espagne, Philippe V, revendiqua seulement les royaumes de Hongrie et de Bohême, et celui de Sardaigne ; Charles-Emmanuel III, le duché de Milan. Aux protestations de tous ces princes, Marie-Thérèse opposa le droit naturel qui l'appelait à l'héritage de son père et la plus solennelle des sanctions garantie par tous les souverains de l'Europe et par ceux-mêmes qui voulaient l'enfreindre. Elle leur fit signifier en même temps la résolution où elle était de se défendre jusqu'au dernier soupir. Ainsi cette grande querelle de tant de têtes couronnées commença par des écrits, et chacun se prépara à la soutenir les armes à la main. L'Europe fut inondée de manifestes, avant-coureurs de la guerre qui allait embraser l'Allemagne.

Le signal en fut donné tout à coup par un cinquième prétendant auquel personne d'abord n'avait pensé. Le trône de Prusse était alors occupé par Frédéric II, successeur de son père, Frédéric-Guillaume, mort depuis quelques mois. Jeune et n'étant connu jusqu'alors que par son goût pour les lettres et les arts, on ne soupçonnait pas qu'un prince toujours entouré d'une colonie d'artistes, de littérateurs et d'amis spirituels, ambitionnât la gloire des conquérants. Mais la nature l'avait doué d'un génie également propre à la paix et aux armes, et le temps était arrivé où il devait donner un brillant démenti aux paroles de son père, qui s'était écrié avec colère en voyant sa répugnance à porter l'uniforme : « Ce n'est qu'un petit-maître, un bel esprit français qui gâtera toute ma besogne ! » Politique profond et général habile, laborieux, vigilant, infatigable, d'un caractère ferme et d'un esprit flexible, Frédéric II parut avec honneur dans les conseils et sur les champs de bataille. Sa valeur et ses talents annoncèrent bientôt le héros du siècle à l'Europe étonnée. A la mort de Charles VI, survenue l'année même de son avènement, il était malade, mais cette nouvelle lui rendit ses forces. Il résolut de profiter de la guerre générale qui allait éclater, et demanda, ou la restitution de quatre duchés en Silésie, sur lesquels ses ancêtres avaient, suivant lui, des prétentions fondées, ou la Silésie entière, offrant en retour son amitié, le secours de ses armes contre les autres puissances, avec sa voix pour François-Étienne. « Le temps est venu, écrivit-il à Voltaire, où l'ancien système politique doit être remplacé et changé : la pierre est prête qui doit être lancée sur la statue de Nabuchodonosor composée de quatre métaux, pour l'écraser. »

C'est à peine si le royaume de Prusse comptait quarante ans d'existence, lorsque Frédéric prenait la résolution de se faire justice par les armes et ne craignait pas d'attaquer avec ses seules forces la monarchie autrichienne. Composé de provinces d'abord étrangères les unes aux autres, sans frontières déterminées par la nature, entouré de voisins jaloux et ambitieux, mal peuplé, inculte, et d'ailleurs peu fertile, le nouveau royaume, créé par le consentement impolitique de l'empereur Léopold Ier, paraissait ne pouvoir s'élever de longtemps à une puissance respectable. Mais l'énergie et la constance d'un homme avaient triomphé de tous ces obstacles. Frédéric-Guillaume avait accueilli 15,000 habitants de Salzbourg, chassés de leur patrie par leur archevêque, ainsi que des milliers d'émigrés de la Moravie et du Palatinat, qui avaient peuplé ses provinces et défriché les cantons incultes. Les protestants, que le rigoureux édit de Nantes avait forcés de quitter la France, avaient apporté dans ces contrées une industrie déjà savante. Enfin une sage économie avait permis au roi de laisser à sa mort 9,000,000 d'écus en caisse, 7,500,000 de revenus, libres de toutes dettes, et une armée de 80,000 hommes qu'il avait rompus à la plus sévère discipline. C'était avec ces éléments que le roi de Prusse allait opérer les merveilles de la guerre de Sept ans.

La cour de Vienne se montra résolue à ne rien céder ; Marie-Thérèse regardait l'offre de Frédéric comme une injure, et l'idée seule de démembrer l'héritage des empereurs, ses ancêtres, comme une faiblesse honteuse, tandis qu'elle aurait des soldats pour le défendre. Le roi part alors de Berlin, au milieu de décembre, et va fondre sur la Silésie, à la tête de 40,000 hommes. Le secret de cette audacieuse entreprise fut si bien gardé, que le marquis de Beauveau, envoyé par Louis XV pour complimenter le roi sur son avènement au trône, voyant les troupes prussiennes se rendre de tous côtés aux environs de la capitale, ne put deviner sur quel point elles allaient se porter; il ne l'apprit qu'au départ de l'armée, lorsque Frédéric lui dit : « Je vais, je crois, jouer votre jeu ; si les as me viennent, nous partagerons. »

A peine ce prince eut-il passé les frontières de la Silésie, qu'il fit remettre aux ministres étrangers alors à Berlin, un mémoire dans lequel il déclarait que son entrée dans cette province ne devait être considérée ni comme un acte de conjuration contre l'héritière de la maison d'Autriche, ni comme la première étincelle de la guerre prête à s'allumer dans toutes les parties de l'Europe; qu'il se voyait obligé de prendre ce parti pour faire valoir des droits incontestables sur la Silésie, fondés sur d'anciens pactes de famille et de confraternité entre les électeurs de Brandebourg et les princes silésiens, et sur d'autres titres respectables; que les circonstances actuelles et la crainte de se voir prévenir par ceux qui avaient des prétentions à la succession de l'empereur Charles VI, l'avaient déterminé à cette voie de fait.

Le roi de Prusse s'exposait beaucoup en commençant seul la guerre contre l'Autriche; mais il comptait avec raison sur l'appui de la France, dont l'intérêt était de soutenir l'électeur de Bavière,

Charles-Albert, fils de ce prince qui avait été le fidèle allié de Louis XIV et qui avait tout sacrifié pour soutenir les intérêts du monarque abandonné de la fortune. En plaçant le jeune électeur sur le trône impérial, Louis XV et le vieux cardinal de Fleury, son ministre, terminaient la longue rivalité entre les Bourbons et la maison d'Autriche ; ils couronnaient l'œuvre commencée par Henri IV et poursuivie avec succès par le grand Richelieu et son habile successeur Jules Mazarin. Frédéric prévoyait encore que la Saxe et l'Espagne ne tarderaient pas à descendre sur le théâtre de la guerre. Dans cette querelle sanglante, Marie-Thérèse ne trouverait d'autres alliés que la Grande-Bretagne et la Russie.

Mais elle avait encore un allié que le roi de Prusse oubliait, et que les grâces de son esprit et de sa personne, son courage et sa grandeur d'âme lui concilièrent, c'était l'affection de ses sujets, c'était l'enthousiasme qu'inspira aux nobles Hongrois l'aspect d'une jeune reine, belle et infortunée, résolue à montrer qu'elle était le digne sang de vingt empereurs, et faisant appel à leur loyauté. Les Hongrois lui ayant envoyé des députés avec ordre de la supplier de rendre à la nation l'usage de ses priviléges, Marie-Thérèse prit conseil de sa prudente politique, dont le principe était de rendre précieuse à ses peuples l'autorité souveraine que la fierté de ses aïeux leur avait trop souvent rendue odieuse. Un refus pouvait devenir le signal de la révolte pour un peuple belliqueux et fier, qui depuis tant d'années avait été presque toujours insurgé contre ses maîtres. Les cendres de Ragotzki fumaient encore, et il en pouvait sortir un nouveau chef de rebelles que viendrait appuyer le Turc toujours prêt à reculer les barrières que les traités avaient posées en Hongrie. La reine ne balança donc point à satisfaire aux demandes des députés. Ils furent flattés de traiter avec elle sans médiateurs, et lui jurèrent d'éteindre à jamais le flambeau de la guerre civile qui, depuis si longtemps, désolait leur pays.

Chaque jour du nouveau règne de Marie-Thérèse était marqué par des actes de clémence et par des bienfaits. Sa main brisa les fers dont l'empereur avait chargé les maréchaux de Wallis et de Seckendorf, et le comte de Neipperg. Habile dans l'art de juger les hommes et de les mettre à leur place, elle déclara feld-maréchal le prince Charles de Lorraine, frère du grand-duc; puis elle admit au nombre de ses conseillers intimes le comte de Kœnigseck, au nombre des chambellans de la Clef d'or le comte de Staremberg, et créa colonel d'infanterie l'illustre comte, ensuite maréchal Daun, qui fut depuis le rival de Frédéric II et que devaient immortaliser de nombreuses victoires.

Le choix de ces grands hommes devait contribuer à la gloire de l'auguste reine.

Tandis que la fille de Charles VI prenait les plus sages dispositions afin de réparer les fautes de son père, le roi de Prusse envahissait la Silésie dégarnie de troupes, et n'avait qu'à se présenter devant la plupart des places pour s'en faire ouvrir les portes. Les habitants de Breslau, capitale du pays, se rendirent avant que l'ennemi eût tiré un coup de canon. Au milieu de ses faciles conquêtes, Frédéric publia, dans un manifeste, que les Prussiens venaient prendre possession de la Silésie dans l'intention de la protéger contre l'irruption d'un tiers.

En même temps il envoyait à Vienne le comte de Gotter avec de nouvelles propositions d'accommodement. Ainsi il offrait à Marie-Thérèse, moyennant la cession de la Silésie, d'employer toutes ses forces pour lui assurer la possession des États héréditaires d'Autriche, de contracter pour cet effet une étroite alliance avec la reine, la Russie, l'Angleterre et la Hollande, de lui fournir en argent comptant 2,000,000 florins, et de soutenir avec ses troupes l'élection du grand-duc son époux. Marie-Thérèse rejeta cette offre exprimée en termes assez insultants, et lui fit une réponse pleine de sagesse et de cette noble fermeté qui caractérise les grandes âmes : « Mes États, dit-elle au comté de Gotter, jouissaient d'une paix profonde lorsque votre maître est entré en Silésie, les armes à la main. Si c'est là, comme ce prince l'insinue, le moyen qu'il croit le plus propre de garantir et d'assurer l'effet de la pragmatique sanction, j'ai peine à concevoir quel pourrait être celui de l'anéantir. Je reconnais tout le prix de l'amitié de Sa Majesté Prussienne, et je n'ai pas lieu de me reprocher de ne l'avoir pas cultivée avec soin ; mais sans donner la moindre atteinte à ce principe, je crois pouvoir lui faire observer que sa première proposition ne va pas aussi loin que l'engagement qui résulte de la garantie de la pragmatique sanction, dont tout l'empire est chargé ; que les alliances avec la Russie, l'Angle-, terre et la Hollande existaient avant l'entrée des troupes en Silésie, et que l'intention de ces puissances n'est pas de me faire perdre une partie de mes États pour affermir des alliances dont le principal objet est de les conserver en entier. On n'a jamais vu faire la guerre pour obliger une puissance d'accepter l'argent qu'on lui offre. D'ailleurs cet argent que me propose le roi, ne doit pas lui coûter beaucoup, puisque les sommes qu'il a tirées de la Silésie dépassent les 2,000,000 florins qu'il s'engage à donner. Je remercie le roi de ses dispositions bienveillantes pour le grand-duc ; mais l'élection d'un empereur doit être libre, le roi n'a point dû l'oublier, et rien n'est plus capable d'y mettre obstacle que des troubles excités au milieu de l'empire. Loin de moi la pensée de vouloir commencer mon règne par le démembrement de mes États. Je ne puis consentir à céder la Silésie ni en entier, ni en partie, et la première condition pour un accommodement, c'est que le roi de Prusse en sorte. »

A la première nouvelle de l'invasion du roi de Prusse, la cour de Vienne, qui n'avait en Silésie que des forces insuffisantes aux ordres du comte de Brown, s'empressa d'envoyer des secours ; mais la rigueur de la saison, la difficulté des routes, les pluies continuelles et le débordement des rivières retardèrent leur marche. Le comte de Brown résolut cependant de faire un effort et de couvrir au moins les frontières de Bohême. A la tête d'un corps de troupes légères, il s'avança jusqu'à Neustadt, jeta quelques renforts dans Neiss, et chargea le colonel Roth de la défense de cette ville. Informé de ces opérations, Frédéric ordonna au comte de Schwerin de passer la rivière de Neiss et d'attaquer les Autrichiens. Il se rendit lui-même devant la ville de Neiss et l'investit.

Brown s'était retiré au bourg de Gratz, sur la rivière de Mora, et s'était déterminé à défendre la tête du pont. Le général prussien marche droit aux ennemis, culbute un détachement de dragons, le force à passer sur la rive opposée et charge les Autrichiens. L'attaque fut terrible, mais Brown se trouvait partout; ses troupes, encouragées par son exemple, soutiennent le choc, et à l'aide d'un feu bien nourri, elles repoussent les Prussiens et les mettent en déroute. Schwerin les rappelle au combat; bientôt les rangs sont repris, et la charge recommence avec une nouvelle ardeur; les Autrichiens, repoussés à leur tour, s'abandonnent à la fuite et n'écoutent plus la voix de leur chef. Brown passe alors le pont, rassemble ses soldats à quelque distance, et attend le comte de Schwerin qui s'attache à sa poursuite. Les Autrichiens se flattaient de l'espoir de tomber sur des détachements en désordre, lorsqu'ils virent des bataillons épais et serrés s'avancer au son des instruments de guerre. Ce coup d'œil imposant ne les ébranle point, ils restent intrépides en présence du danger, se défendent et essuient courageusement cinq décharges. Enfin la victoire se déclare pour leurs adversaires, supérieurs en nombre, et ils s'éloignent une seconde fois du champ de bataille, pour se jeter sans ordre dans les faubourgs de Gratz, auxquels ils mettent le feu; puis, à la faveur des flammes, ils se retirent en Moravie.

Schwerin triomphant alla rejoindre le roi toujours arrêté sous les murs de la petite ville de

Neiss. Après avoir tout disposé pour un siége et établi plusieurs batteries, Frédéric avait envoyé le colonel de Borck sommer le commandant de se rendre. A peine le trompette qui annonçait l'officier prussien eut-il commencé à sonner, que du haut des remparts on fit feu sur lui. Le colonel ordonne au trompette de s'avancer de quelques pas et de sonner de nouveau ; il aperçoit tout à coup une troupe de cavaliers qui cherchaient à les envelopper. Alors Borck de se retirer et d'aller rendre compte de sa commission au roi. Le récit du colonel enflamma Frédéric d'une colère extrême ; il ordonna de dresser aussitôt une batterie de mortiers, pour écraser la ville ; mais la garnison et le commandant demeurèrent inébranlables au milieu de l'horrible fracas de cette batterie.

Le roi fit savoir le lendemain au brave Roth son intention de venger, d'une manière éclatante, l'audace qu'on avait eue de tirer sur l'officier envoyé par lui le jour précédent. Le colonel lui répondit qu'il n'avait aucune connaissance du fait dont il se plaignait ; qu'il prendrait des informations et punirait les coupables ; qu'au surplus, Sa Majesté pouvait attaquer la ville comme bon lui semblerait ; que pour lui, il s'efforcerait de la défendre de façon à mériter son estime, et à témoigner sa fidélité à sa souveraine. Il ajouta qu'avant de la rendre, elle serait son tombeau et celui de ses intrépides compagnons. Cette réponse irrita le roi encore davantage; pendant toute la journée, les batteries ne cessèrent point leur feu; de son côté, le colonel tint parole et se défendit avec un rare courage. Après un nouveau bombardement, on crut, dans l'armée de Frédéric, que la garnison avait abandonné les remparts afin d'échapper au danger, et que le moment était favorable pour s'approcher de la place. A peine les Prussiens ont-ils fait quelques pas, qu'ils voient tomber sur eux le commandant avec ses troupes. Roth met en déroute le premier corps qu'il rencontre; les Prussiens se rallient et reviennent à la charge. Le colonel soutient son avantage, les attaque brusquement et les repousse jusqu'à leurs batteries. Frédéric, pour la première fois, est témoin de la fuite de sa redoutable infanterie, sans pouvoir rétablir l'ordre dans ses rangs. Cette vigoureuse sortie détermina la levée du siége. Roth envoya porter cette heureuse nouvelle à la reine. Il avait eu la gloire, avec cinq bataillons seulement, d'arrêter les armes victorieuses du roi de Prusse et de braver sa colère.

Le siége de Neiss fut la dernière opération de cette campagne. Frédéric retourna à Berlin faire de nouveaux préparatifs, discipliner ses troupes et disposer une nombreuse artillerie, car il pré-

voyait que les armées de la reine de Hongrie,
commandées par des généraux qui lui étaient entièrement dévoués, rendraient désormais ses conquêtes plus difficiles.

Pendant ce temps, le commissaire prussien
resté à Breslau déclara aux magistrats de cette
ville que le roi son maître, voulant donner des
marques de son affection aux habitants de la ville,
n'exigeait d'eux aucune imposition, mais le
paiement des contributions demandées et la subsistance de ses troupes. Le conseil de régence
comprit qu'il serait dangereux d'irriter le vainqueur; il se mit néanmoins à délibérer gravement
sur un objet si important. Frédéric abrégea les
lenteurs de ce corps pacifique, en déterminant
d'une manière bien positive la somme qu'il voulait, 15,000 florins par mois. Il ordonna de plus
qu'un des hôpitaux de Breslau servît de magasin pour ses troupes; que l'église luthérienne, si-
tuée sur le chemin d'Hunsfeld, leur fût affectée;
enfin que tous les catholiques romains sortissent
de la ville, et qu'on ne leur accordât que le temps
nécessaire pour enlever leurs effets. Ces demandes
déconcertèrent le conseil de Breslau, qui se
voyait ainsi dépouillé de ses priviléges; mais il
fallut céder à la force.

Le roi de Prusse partit de Berlin dès le milieu
de février, afin de se mettre à la tête de ses troupes. o

Comme le siége de Neiss paraissait être le premier objet qui devait l'occuper, Brown, après avoir mis en déroute un détachement de 800 hommes envoyés à la découverte, se hâta de jeter des secours dans cette place. Mais Frédéric méditait un autre projet. Une partie de ses forces était employée au blocus de Grand-Glogau qu'il avait l'espoir de réduire par la famine, lorsqu'il apprit en même temps l'approche de l'armée autrichienne, forte de 30,000 soldats, et que la ville assiégée avait encore des vivres pour six semaines. Il résolut de la prendre d'assaut, et ses efforts furent couronnés d'un plein succès.

Au milieu de ce revers, Marie-Thérèse donna le jour à un fils, l'archiduc Joseph (13 mars 1741). Elle ressentit la plus grande consolation de la naissance de cet enfant; elle voyait en lui un rejeton des empereurs ses aïeux, l'espoir d'une postérité nombreuse, le réparateur et l'appui d'une maison autrefois si puissante, et dont maintenant l'Europe entière se disposait à déchirer l'héritage.

Cependant le comte de Neipperg, à qui la reine avait confié le commandement des troupes rassemblées dans les environs d'Olmutz, s'était mis en mouvement pour aller combattre l'ennemi. Vers la fin de mars, ce général, marchant sur deux colonnes à travers des montagnes couvertes de neiges, arriva à Hermanstadt, sur la frontière de Silésie. Frédéric, instruit de cette marche, réunit toutes ses forces et passa la rivière de Neiss en deux endroits, au-dessus et au-dessous du pont, sans que le comte de Neipperg s'en aperçût, car il s'était occupé de la prise de Grotkau. Il méditait aussi de s'emparer d'Olhau qui renfermait la grosse artillerie des Prussiens et un magasin considérable. Rien de mieux conçu que ce projet, dont l'exécution devait affaiblir l'ennemi pour le reste de la campagne et l'empêcher de tenter quelque entreprise importante. Le roi de Prusse le sentit, et, pour détourner ce coup, il ne vit de ressource que dans une bataille.

Dès le lendemain, il s'avance en face du village de Molwitz, où les Autrichiens avaient établi leur quartier général. Il débouche par quatre colonnes, et range son armée en bataille. Le comte de Neipperg arrive dans la plaine et en fait autant. A deux heures après midi, une décharge générale de l'artillerie prussienne donne le signal du combat. Le baron de Romer, qui commandait la gauche des Autrichiens, tombe avec sa cavalerie sur l'aile droite des ennemis. Le roi s'y trouvait et avait sous ses ordres le prince Léopold d'Anhalt. Le choc fut des plus rudes. Romer enfonce, renverse et met en désordre la première ligne de la cavalerie du roi ; celle-ci, se jetant sur la seconde, y porte le trouble et l'épouvante, et tout est en fuite. Alors le baron d'arrêter sa troupe, de tourner sur le flanc de l'infanterie, d'essuyer le feu des premiers bataillons, de pénétrer au milieu et de les écraser. Ce n'est pas tout : il pousse jusqu'au camp, s'empare de quelques pièces de campagne, se précipite sur le quartier du roi, dont il pille les bagages. Frédéric avait vu tomber à ses côtés un officier et un page ; son régiment des gardes avait été taillé en pièces, et presque tous les officiers restaient sur le champ de bataille. Le maréchal de Schwerin s'aperçoit du danger qui menace le monarque. Occupé lui-même à rassurer l'infanterie, il envoie prier son souverain de ne pas s'exposer davantage, de céder à la fortune et de laisser à son général le soin de la retraite. Frédéric, qui comprenait qu'il n'y avait pas de sûreté pour lui d'aller plaider sans armée, à Vienne, la cause de la Silésie, écouta le conseil du maréchal, et s'enfuit accompagné d'un seul page.

Tandis que le roi cherchait loin de Molwitz un asile assuré, Schwerin remportait une victoire signalée. Malgré le désordre que le baron de Romer avait jeté dans les lignes, le général prussien rétablit le combat. Le prince Léopold attaqua d'abord la cavalerie de Romer qui revenait du pillage et la fit reculer. Son intrépide commandant revint quatre fois à la charge ; enfin il périt dans l'action, et sa mort entraîna la défaite entière de sa troupe. Schwerin, suivi de son infanterie, marche à celle de la reine, et, après quelques efforts, la défait entièrement. En vain le comte de Neipperg, qui avait été blessé, veut tenir ferme, il est entraîné dans la fuite. Deux blessures que reçoit aussi Schwerin ne peuvent ralentir son ardeur; il se place à la tête des escadrons et poursuit l'ennemi vaincu jusqu'à l'entrée de la nuit. La perte des Prussiens ne fut pas considérable. Du côté des Autrichiens, 3,400 hommes furent tués, et 2,000 faits prisonniers. On leur enleva dix pièces de canon et quatre étendards (20 avril).

Après cette victoire, sur laquelle il ne comptait guère, Frédéric entreprit le siége de Brieg, qu'il emporta au bout de quelques jours d'attaque. De là il s'avança vers Neiss, qui, l'année précédente, avait résisté à tous ses efforts. Mais le comte de Neipperg mit obstacle à toutes ses entreprises sur cette ville. Dans tout le reste de la campagne, il n'y eut plus entre les deux parties belligérantes que des escarmouches et quelques combats peu importants.

Les ennemis de Marie-Thérèse se multipliaient. Les plus puissants souverains de l'Europe s'étaient ligués contre elle; mais au milieu de tous ces revers, son courage bravait les dangers, et sa fermeté savait les prévenir ou les réparer. Deux mois après la naissance de l'archiduc, elle tint à Presbourg une diète des États de Hongrie, accorda à la nation diverses grâces, renouvela la dignité de palatin et se concilia le cœur de ses nouveaux sujets en se soumettant à prêter l'ancien serment du roi André II; à l'exception du trente-unième article, que Léopold Ier avait aboli, et qui était ainsi conçu : « Si moi ou quelqu'un de mes successeurs, en quelque temps que ce soit, veut enfreindre vos priviléges, qu'il vous soit permis, en vertu de cette promesse, à vous et à vos descendants, de vous défendre, sans pouvoir être traités de rebelles. » La reine crut ne devoir pas différer son couronnement. La cérémonie fut célébrée avec une magnificence extraordinaire et de vives démonstrations de zèle et d'allégresse de la part des Hongrois (25 juin 1741). Marie-Thérèse reçut la couronne des mains de l'archevêque de Strigonie, auquel était réservé le privilége de sacrer le roi. Elle se rendit ensuite, entourée d'un brillant cortége, à l'église des Franciscains où lui fut remise l'épée royale; puis elle monta à cheval, traversa lentement le faubourg de la ville, et, lorsqu'elle fut arrivée au pied de la colline nommée le Mont-Royal, qui domine le Danube, elle mit son cheval au galop jusqu'au sommet, et suivant l'antique usage, la reine tira l'épée de Saint-Étienne, et la présenta aux quatre parties du monde. Par cette cérémonie, le souverain annonçait aux Hongrois qu'il était prêt à les défendre contre tous leurs ennemis. De là, conduite par les évêques et les barons du royaume sous un arc de triomphe, Marie-Thérèse y prêta le serment ordinaire.

La reine quitta la Hongrie au bruit des acclamations de ses sujets. Des soins importants la rappelaient à Vienne. Il ne s'agissait pas seulement de combattre un prince guerrier qui ne voulait lui ravir qu'une province ; il fallait résister aux armes de la Bavière appuyées de celles de nombreuses puissances, toutes déterminées à réduire la maison d'Autriche au seul patrimoine du grand-duc. Marie-Thérèse s'était efforcée de parer le coup qu'elle prévoyait. Elle avait écrit les lettres les plus pressantes et les plus affectueuses au cardinal de Fleury, naturellement ami de l'équité et de la paix, pour le conjurer de ne point donner le signal d'une guerre qui menaçait d'embraser l'Europe entière. Retenu par la garantie de la pragmatique, incapable d'ailleurs de grands desseins à l'âge de quatre-vingt-cinq ans où il était parvenu, le ministre hésitait à compromettre sa réputation et sa vieillesse dans une guerre nouvelle. Mais le cri d'une partie de la nation, le vœu presque général des officiers, les sollicitations du duc de Bavière, et surtout les conseils du maréchal et du comte de Belle-Isle, tous deux petits-fils du fameux Fouquet, l'emportèrent enfin auprès de Louis XV. Ces deux hommes, d'une ambition vaste, d'une politique hardie et d'une imagination ardente, envisageant dans la guerre future un exercice illustre à leurs talents et une voie rapide à leur fortune, entreprirent de changer la face de l'Europe. Ils firent parler au conseil le génie de Richelieu, et rappelèrent que le dernier soupir de ce grand ministre avait été pour l'abaissement de la maison d'Autriche, que jamais l'occasion n'avait été plus favorable. Enfin, sans songer combien cette politique avait déjà coûté d'argent et de sang à la France, on résolut d'accorder à l'électeur de Bavière l'appui qu'il demandait, et le cardinal de Fleury présida lui-même à une entreprise que désapprouvaient sa conscience et sa prudence.

Le maréchal de Belle-Isle partit aussitôt pour l'Allemagne, se rendit au congrès de Francfort, visita les cours des princes du Rhin, puis celle de Dresde, et Frédéric II, au camp de Strehlen. Tous consentirent à placer l'électeur de Bavière sur le trône impérial. Le 18 mai 1741, fut conclue à Nymphembourg, près de Munich, entre ce prince, la France et l'Espagne, un traité d'alliance offensive auquel adhérèrent successivement les rois de Prusse, de Pologne et de Sardaigne, l'électeur palatin et celui de Cologne. On projetait d'enlever à Marie-Thérèse la Bohême, la Silésie, la

Moravie, la haute Autriche, le Tyrol, la Souabe autrichienne et le duché de Milan. Afin de paralyser les efforts de la Russie qui paraissait disposée à donner des secours à la fille de Charles VI, on excita une guerre entre cette puissance et la Suède.

A l'approche de l'orage qui la menaçait, Marie-Thérèse, pleine de confiance en Dieu et dans son droit, déploya un courage viril et résolut de conserver intact le patrimoine de ses ancêtres. Elle ne se trouva pas entièrement réduite à ses propres ressources. Georges II, roi d'Angleterre et électeur de Hanovre, se montra fidèle à ses engagements. Il persuada à son parlement de lui envoyer des subsides, et se rendit lui-même en Hanovre, où il conclut encore avec elle un traité pour la défense de la pragmatique sanction, et pour favoriser l'élévation du grand-duc François à la dignité impériale. Il fallait rendre inutile cette bonne volonté de l'Angleterre. Aussi deux armées françaises se mirent-elles aussitôt en mouvement ; la première de 40,000 hommes, sous les ordres du maréchal de Belle-Isle, passa le Rhin, au mois d'août, afin de se joindre aux Bavarois ; la seconde, d'égale force, commandée par le maréchal de Maillebois, pénétra en Westphalie, et ses opérations, combinées avec celles d'un corps prussien qui obéissait au prince d'Anhalt, firent craindre à

Georges II l'invasion de son électorat. Il crut ne
pouvoir la prévenir qu'en signant avec la France
un traité par lequel il s'engageait à ne pas fournir
de secours à la reine.

Le roi de Prusse, après avoir terminé la conquête de la Silésie, était entré en Moravie et s'y
était emparé d'Olmutz. De son côté, Charles-
Albert, à la tête de ses Bavarois, s'était jeté sur
l'Autriche. En peu de temps il se rendit maître de
Lintz, où il se fit couronner archiduc d'Autriche,
et menaça Vienne. Lorsque les premières divisions
de l'armée française se furent réunies à ses
troupes, il envoya des détachements jusqu'aux
portes de cette capitale. Le grand-duc y était
revenu, accompagné du prince Charles son frère,
afin de prendre les dispositions propres à soutenir un siége que l'on croyait prochain.

La cause de Marie-Thérèse semblait désespérée, la jeune reine la releva à force d'héroïsme.
Obligée de quitter Vienne, elle emporte l'archiduc,
son unique consolation, et se rend au milieu des
Hongrois, que sa douceur lui avait inviolablement
attachés. Elle rassembla les quatre ordres à Presbourg et se présenta devant eux en habits de deuil
à la hongroise, avec la couronne angélique sur la
tête, ceinte de l'épée royale, et tenant son fils dans
ses bras : « Abandonnée de mes amis, leur dit-elle
en langue latine, persécutée par mes ennemis,

attaquée par mes plus proches parents, je n'ai de ressources que dans votre fidélité, dans votre courage et dans ma constance. Je remets entre vos mains le fils et la fille de vos rois. » A ces paroles prononcées d'une voix noble et touchante, à la vue de cette héroïque princesse confiant ses droits, sa couronne et son enfant encore au berceau, à leur fidélité et à leur bravoure, tous les assistants, saisis d'enthousiasme, s'écrient d'une voix unanime en tirant leurs sabres : « *Moriamur pro rege nostro Mariâ-Theresiâ* (mourons pour notre roi Marie-Thérèse).

Les Hongrois consentirent ensuite à ce que le grand-duc de Toscane fût chargé de la corégence par son épouse. Toute la noblesse s'arma; on mit sur pied 22,600 hommes de nouvelle infanterie pour la Hongrie et 10,000 pour la Croatie et l'Esclavonie. On accorda tous les subsides nécessaires pour solder ces troupes.

Dix jours plus tard, les députés se présentèrent au pied du trône, afin de recevoir le serment du corégent. Dans ce moment, ils furent témoins d'une scène non moins attendrissante que la première. Après avoir juré, François-Étienne s'écria : « Mon sang et ma vie pour la reine et le royaume ! » Marie-Thérèse, prenant alors le petit archiduc sur ses bras, le montra aux magnats dont les acclamations éclatèrent plus vives que jamais.

Pendant que la reine enflammait ainsi le zèle des Hongrois, elle réclamait l'appui des puissances qui avaient garanti la pragmatique sanction et s'efforçait d'introduire une discipline sévère dans ses armées. Malgré son courage et son activité, elle n'aurait cependant pu éviter sa ruine sans les fautes de ses ennemis. Ainsi, au lieu de marcher sur Vienne, dont la prise eût été un coup décisif, l'électeur de Bavière, qui ne s'était point préparé à ce siége, et qui n'avait ni gros canons ni munitions, tourna ses armes vers la Bohême. L'armée franco-bavaroise, aidée de 20,000 Saxons, n'arriva devant Prague qu'à la fin de novembre. La saison avancée et le manque de vivres imposaient la nécessité de tout hasarder pour s'en emparer au plus tôt. Quoique mal fortifiée, cette grande ville pouvait aisément soutenir les premières attaques. Le général Ogilvi, Irlandais de naissance, auquel était confié le commandement de la place, avait 3,000 hommes de garnison, et le grand-duc venait au secours à la tête de l'armée de Silésie. Le 25, ce prince était déjà arrivé à cinq lieues de Prague, mais la nuit même les Français et les Saxons donnèrent l'assaut.

La gloire de ce dessein, les détails du plan et une bonne partie de l'exécution furent dus au comte Maurice de Saxe, général plein de valeur, très-habile dans l'art militaire, et alors au service de la France. Parmi les officiers placés sous ses ordres, il avait distingué le fameux Chevert, né de parents pauvres et qui, à force de courage, était parvenu au grade de lieutenant-colonel du régiment de Beauce. De toute l'armée, c'était l'homme le plus capable d'exécuter un coup de main; le comte jeta les yeux sur lui pour conduire l'attaque. Au moment où l'on allait poser la première échelle, Chevert s'adressant au sergent Pascal, l'un des plus braves de son détachement : « Tu vas monter le premier, lui dit-il. — Oui, mon colonel. — La sentinelle criera : *Qui va là ?* Tu ne répondras rien. — Oui, mon colonel. — Elle tirera sur toi et te manquera. — Oui, mon colonel. — Tu la tueras. — Oui, mon colonel. — Et j'arrive là pour te secourir. » Le sergent monte; on tire, il est manqué; la sentinelle tombe. Chevert monte ensuite; le fils aîné du maréchal de Broglie le suit, puis les autres arrivent en foule, et la ville est prise. Ogilvi se rend prisonnier de guerre avec ses 3,000 hommes. Il n'y eut ni pillage, ni désordre, ni une goutte de sang répandue. A six heures du matin, la ville était rentrée dans sa tranquillité accoutumée.

Charles-Albert, prince vaniteux et sans intelligence, et que l'impatience de mettre sur son front une seconde couronne avait empêché d'assiéger Vienne, fit son entrée solennelle dans Prague le

jour même de la prise; il y fut couronné roi de
Bohême le 7 décembre. Il ne manquait plus à ses
désirs que la couronne impériale; tout était préparé pour la lui faire donner. Il courut donc à
Francfort, où il fut élu empereur sous le nom de
Charles VII et reconnu par tout l'empire, excepté
par les États autrichiens. « On l'aurait cru au
comble de la gloire et du bonheur, mais la fortune
changea, et il devint un des plus infortunés
princes de la terre par son élévation même. (1) »

En effet, on ne tarda pas à comprendre, malgré
ce rapide succès, la faute qu'avait commise l'armée
franco-bavaroise, en ne marchant pas sur Vienne,
quand la fortune lui présentait l'occasion de s'en
emparer. Marie-Thérèse avait trouvé des secours
prompts et inépuisables chez ses fidèles Hongrois.
Un nombre infini de serfs auxquels elle avait promis la liberté, étaient venus se ranger sous ses
étendards. C'était à qui témoignerait plus de zèle
pour la cause de la reine. Le clergé lui fournissait généreusement des sommes considérables.
Son nom déjà célèbre, et l'histoire de ses malheurs
portés jusqu'au fond de l'Esclavonie et sur les
bords de la Drave, enflammaient les habitants de
ces tristes contrées de l'enthousiasme guerrier
qui animait tous ses sujets. Il sortait de ces pays

---

(1) Voltaire, *Siècle de Louis XV*, ch. VII.

sauvages des armées de troupes légères, si connues depuis sous le nom de *pandoures* et de *talpachès*, dont la bravoure étonnante, le vêtement singulier et l'air affreux jetaient partout l'épouvante.

Tandis que des milliers de bras s'armaient pour sa vengeance, Marie-Thérèse agissait fortement auprès des cours étrangères ; elle ranimait en sa faveur le ministère britannique, dont le chef, milord Carteret, à l'exemple d'Annibal, avait juré une haine implacable à tout ce qui portait le nom français, et les Hollandais qui lui donnèrent des secours d'argent. Elle s'efforçait de détacher de la ligue le roi de Sardaigne qui, négligé par la France, commençait à redouter l'accroissement des Bourbons en Italie. Tout le peuple anglais s'anima d'un zèle extraordinaire pour les intérêts de cette princesse. La duchesse de Malborough, veuve de l'illustre duc qui avait combattu avec tant de succès pour Charles VI, assembla les principales dames de Londres, qui s'engagèrent à fournir à Marie-Thérèse un don gratuit de 100,000 livres sterling ; elle-même en déposa 40,000. La reine de Hongrie refusa l'argent qui lui était offert avec tant de générosité ; elle ne voulut recevoir que celui qu'elle attendait de la nation assemblée en parlement. Alors toute l'Europe la regarda comme une héroïne digne de conserver un trône qu'elle savait si bien défendre.

« Cependant le grand-duc, n'ayant pu dégager Prague, s'était retiré derrière les marais de Budweiss. Là, il couvrit la marche des détachements qui devaient pénétrer dans la Bavière. Le plan des opérations futures fut savamment combiné ; le comte de Khevenhuller, le plus entreprenant et le plus heureux des généraux autrichiens, l'exécuta habilement. L'armée principale, divisée en deux corps, l'un sous le commandement de François-Étienne, et l'autre sous celui du prince de Lobcowitz, demeura dans la Bohême pour y tenir l'ennemi en échec. (1) » Khevenhuller, à la tête de 30,000 hommes, arriva aux environs de Lintz, où les courses impétueuses des troupes légères du célèbre partisan Mentzel avaient repoussé 10,000 Français aux ordres du comte de Ségur. Il se hâta de former le siége de la ville, dont il se rendit maître, le jour même où l'électeur était proclamé à Francfort, après des attaques si vigoureuses et une défense si opiniâtre que le grand-duc, lorsqu'il y entra, ne prit possession que d'un monceau de pierres et de cendres.

Ce ne fut là que le prélude de plus grands succès qui ternirent promptement l'éclat des beaux jours de Charles VII, resté à Francfort sans troupes, sans argent et sans crédit. En effet, Khevenhuller

---

(1) Coxe, *Hist. de la maison d'Autriche*, t. 5.

pénétra dans la Bavière et livra ce pays aux troupes avides de pillage, qui s'étaient réunies autour de son étendard. Il trouva de courageux auxiliaires dans les habitants du Tyrol. Ils descendirent de leurs montagnes et s'avancèrent jusqu'aux portes de Munich, où Khevenhuller entra sans obstacle (13 février 1742). En Italie aussi, la fortune commençait à se ranger du côté de Marie-Thérèse. Douze jours avant la prise de Munich, le roi de Sardaigne, alarmé des projets des espagnols, qui n'avaient pris part à la guerre que dans l'espoir de faire la conquête de la Lombardie pour en former un établissement à l'infant don Philippe, s'était détaché de la coalition et par la *convention de Turin* s'était engagé à défendre la reine de Hongrie contre ses ennemis.

La France ne cessait d'envoyer des troupes en Allemagne pour soutenir le nouvel empereur. Le duc d'Harcourt passa le Rhin le 10 mars et se dirigea sur la Bavière. Cependant le comte de Saxe méditait une conquête importante. Egra, sur les frontières de la Bohême, était le dépôt de tous les magasins autrichiens. La prise de cette ville assurait la conquête de la Bohême et facilitait les communications avec la Bavière. Quoique cette place fût très-forte, le comte s'en rendit maître au bout de quinze jours de siége.

De son côté, le roi de Prusse, ayant partagé son

armée en trois corps, sortit de la Moravie et s'avança dans la Bohême. Son dessein était de combattre le prince Charles, auquel était confié le commandement des troupes de la reine dans ce royaume, et de se réunir ensuite à l'armée des alliés campée dans les environs de Prague. Le frère du grand-duc formait un autre projet, celui d'empêcher la jonction de Frédéric II avec le maréchal de Broglie et de marcher brusquement sur Prague qu'il espérait surprendre. Les mouvements que firent ces deux princes, chacun pour exécuter son entreprise, les mirent bientôt en présence (15 mai). Les deux armées engagèrent l'action le 17, de grand matin. Les Autrichiens s'avancèrent sur quatre colonnes pour attaquer leurs ennemis. Ceux-ci étaient postés près du village de Chotusitz, et avaient à peine formé leur ordre de bataille, lorsque la canonnade commença. Les forces étaient à peu près égales, et l'on combattit avec ardeur des deux côtés. Les troupes du prince de Lorraine donnèrent des preuves multipliées du courage le plus exalté ; mais les savantes manœuvres de la cavalerie de Frédéric, la valeur et la discipline de son infanterie décidèrent la victoire. Les Prussiens restèrent maîtres du champ de bataille. La perte fut considérable de part et d'autre. Les Autrichiens eurent 4,000 hommes tués et 3,000 blessés ; ils laissèrent entre les mains de l'ennemi 1,200 prisonniers, 20 pièces de canon et plusieurs drapeaux. La cavalerie du roi de Prusse fut presque entièrement ruinée.

Peu de temps après la sanglante journée de Chotusitz, la reine de Hongrie, malgré la répugnance qu'elle avait de démembrer les États de Charles VI, se laissa persuader par le roi d'Angleterre de faire un sacrifice pour séparer la Prusse de l'alliance de la Bavière et de la France. Elle consentit à satisfaire les prétentions de Frédéric, et par le *traité de Breslau* elle lui céda en toute souveraineté la haute et la basse Silésie et le comté de Glatz, excepté les villes de Troppau, de Jagerndorf, et les hautes montagnes situées au delà de l'Oppa (11 juin). La défection du plus redoutable des adversaires de Marie-Thérèse fut promptement suivie de celle du roi de Pologne qui adhéra à cette paix et reconnut la validité de la pragmatique sanction.

Quelque secrète que fût d'abord cette négociation dont le roi d'Angleterre se rendait garant, le maréchal de Belle-Isle vint à bout de la pénétrer, et il en fut vivement alarmé. Il voyait que si le roi de Prusse abandonnait l'alliance générale et retirait ses troupes de la Bohême, les Autrichiens seraient libres de tourner toutes leurs forces contre les Français qui occupaient une partie de ce royaume. Il vole donc au camp de Frédéric, lui communique ses craintes, déploie toute la finesse d'un négocia-teur habile et-étale tous les grands raisonnements de sa politique. Le roi de Prusse l'écoute avec calme et lui répond laconiquement : « J'ai donné ma parole. »

La défection des Prussiens et des Saxons jeta, en effet, l'armée française, réduite à 30,000 hommes, dans la plus fâcheuse position. Attaquée par les troupes du prince Charles réunies à celles du prince de Lobcowitz, trop faible pour tenir la campagne, malgré un avantage remporté à Sahé par les maréchaux de Broglie et de Belle-Isle, elle fut obligée de se renfermer dans Prague.

Le comte de Kœnigseck entreprit aussitôt le blocus de cette ville, tandis que la science et l'habileté supérieure de Khevenhuller tenaient le duc d'Harcourt en respect sur les bords du Danube et le mettaient dans l'impossibilité d'aller au secours de ses compatriotes.

Les revers des armes françaises affligèrent profondément le cardinal de Fleury qui, courbé sous le poids de l'âge et affaibli par les infirmités, n'en parut que plus timide. Dans cette fâcheuse conjoncture il offrit la paix. Une lettre qu'il adressa au comte de Kœnigseck, renfermait des propositions pour l'évacuation de la Bohême. Le cardinal s'excusait de la guerre présente, dont il rejetait tout le blâme sur le maréchal de Belle-

Isle, et protestait de sa répugnance aux résolutions qu'on avait prises. Pour unique réponse, la reine de Hongrie fit rendre sa lettre publique ; il en fut de même d'une autre dans laquelle le vieux ministre se plaignait au comte de cet abus de confiance en ajoutant qu'*il ne lui écrirait plus désormais ce qu'il pensait.* De son côté, Charles VII fit porter des projets de paix à la cour de Londres qui avait repris à la guerre une part active et engageait Marie-Thérèse à repousser toute proposition d'accommodement. Ses lettres furent également publiées, et le cardinal et l'empereur, joués à la face de l'Europe, mirent le comble à cette risée en désavouant leurs propres lettres.

Malgré cette insulte, les Français, renfermés dans Prague, entamèrent des conférences. Le maréchal de Belle-Isle offrit de sortir de la ville et des terres de la reine de Hongrie, à condition qu'il lui serait permis de se retirer avec armes et bagages. Le grand-duc, son frère le prince Charles, et le comte de Kœnigseck paraissaient disposés à recevoir favorablement cette offre, mais toute proposition de paix fut rejetée par Marie-Thérèse. « Je suis bien surprise, dit-elle en présence de toute sa cour, de la demande du maréchal de Belle-Isle. Il faut être tel que lui pour oser la faire. Il a surpris par argent et par diverses promesses la religion de presque tous les souverains de l'empire, pour soulever l'Allemagne contre moi et m'écraser. Ni moi ni mes descendants n'oublierons jamais qu'il a entretenu, en temps de paix, des espions dans Luxembourg, pour séduire la garnison et embraser la ville. (1)»

En France, le parti de la guerre ne tarda pas à reprendre son ascendant et résolut de tenter les derniers efforts afin de tirer les armées de la position dangereuse où elles se trouvaient. Le maréchal de Maillebois, qui commandait les 40,000 hommes cantonnés dans la Westphalie pour maintenir l'électeur de Hanovre, reçut ordre de marcher sur Prague. Il fallait traverser un pays de six cents milles de longueur, rempli de défilés et occupé par les troupes de l'ennemi. Après avoir laissé en Flandre un corps assez nombreux chargé d'observer les mouvements des Anglais, Maillebois s'avança à marches forcées sur la Bavière, et arriva, le 14 septembre, à Amberg, dans le Haut-Palatinat. C'est là que vint le joindre Seckendorf, général en chef des troupes bavaroises. Le comte de Saxe, à qui le commandement du corps du duc d'Harcourt avait passé, trompa Khevenhuller par des manœuvres habiles et se réunit bientôt au gros de l'armée française. Maillebois, alors à la tête de 60,000 hommes, tourna vers Prague et s'avança jusqu'à Egra.

______

(1) Richelieu, *Mémoires*, t. 6.

Cependant le comte de Kœnigseck avait ouvert la tranchée devant la place, au commencement de juillet, et les opérations du siége étaient poussées avec une activité infatigable. La disette exerçait des ravages parmi les assiégés, déjà en butte à un terrible bombardement et en proie aux maladies. « Ils tuaient et mangeaient leurs chevaux, pour suppléer à la viande de boucherie, qu'à peine on servait à la table des maréchaux. (1) » Dans cette situation presque désespérée, ils faisaient toutefois des sorties journalières et sanglantes, afin de retarder les opérations des Autrichiens. Dans une de ces sorties, la plus terrible, ils comblèrent les travaux du siége, tuèrent et prirent 3,000 hommes aux ennemis, leur enlevèrent quelques pièces de canon et plusieurs drapeaux, et rentrèrent triomphants dans Prague, suivis de leur trophées et de leurs prisonniers. Cette heureuse expédition et la marche du maréchal de Maillebois obligèrent les assiégeants de suspendre leurs attaques. Le grand-duc fit même des propositions qui furent transmises au gouvernement français. Mais la reine de Hongrie les désapprouva, et *pour que le comte de Kœnigseck ne pût se laisser abuser plus longtemps par les discours artificieux et les confidences insidieuses de Belle-Isle*, défendit toute conférence.

---

(1) Frédéric, *Histoire de mon temps.*

Les Autrichiens avaient donc pressé avec une nouvelle vigueur les opérations du siége. A la nouvelle de l'approche de Maillebois, le prince Charles, ayant laissé dans les environs de Prague un corps de troupes légères, s'était mis en mouvement afin de lui disputer le passage. Le maréchal de Broglie n'avait point laissé échapper cette occasion de sortir de Prague avec son corps de troupes réduit à 12,000 hommes, et s'était avancé jusqu'aux environs de Leutmeritz, dans l'espoir de se réunir à lui. Mais le grand-duc, le prince Charles et le comte de Khevenhuller, prirent de si sages mesures et suivirent de si près toutes les démarches de la nouvelle armée, qu'elle ne fut d'aucun secours à celle de Prague. Pour cela il aurait fallu en venir aux mains avec le prince Charles, et le ministre avait ordonné à Maillebois d'éviter une bataille décisive. « Si l'on avait donné carte blanche à ce maréchal, dit le roi historien, le destin de la Bohême aurait pu changer ; mais de Versailles le cardinal le menait à la lisière. » Cette circonstance et la mésintelligence survenue entre Maillebois et le comte de Saxe, empêchèrent l'expédition de réussir. Maillebois, sur la fin d'octobre, ramena dans le Haut-Palatinat ses troupes réduites et affaiblies par de longues marches et manquant de vivres. Bientôt après le maréchal de Broglie, qui n'avait pu parvenir à opérer sa jonction avec lui, reçut l'ordre de quitter le camp de Prague et de le remplacer dans le commandement de l'armée.

Depuis cette retraite, la ville fut resserrée de nouveau par un corps de troupes légères de Croates et de Hongrois. Elle demeura sans espoir de secours, et le maréchal de Belle-Isle se trouva seul chargé de sa défense. Il la prolongea jusqu'au moment où l'extrême disette l'empêcha d'y rester. Après avoir trompé la vigilance de l'ennemi et les habitants de Prague, réuni en une seule colonne 11,000 hommes de pied et 3,000 chevaux, avec 30 pièces de canon et des vivres pour douze jours, il sortit dans la nuit du 16 décembre, laissant dans la place 6,000 hommes, la plupart malades ou blessés, aux ordres du brave Chevert. Avec tout cet attirail il s'ouvre péniblement un chemin à travers les neiges et les glaces, il évite les défilés où l'ennemi l'attendait, et passe des marais que la glace avait rendus solides. Il arrive le douzième jour à Egra, non sans avoir perdu beaucoup d'hommes par le froid excessif et par la fatigue extrême d'une marche entreprise, à la vue des troupes légères de Hongrie, par des soldats déjà accablés des souffrances d'un long siége, qui n'avaient eu pour toute nourriture qu'un pain gelé et pour tout lit que la glace et la neige. « Les chemins, dit l'historien de Bohême, Pelzel, présentaient un spectacle épouvantable : ils étaient jonchés de cadavres ; on en voyait des monceaux de cent et de deux cents, pêle-mêle, officiers et soldats. » Beaucoup d'entre eux eurent des membres gelés et dûrent subir l'amputation à leur arrivée à Egra, et les autres furent décimés par une fièvre maligne. Ceux qui rentrèrent en France périrent presque tous des suites de cette retraite.

Désespéré d'avoir laissé échapper l'armée française, le prince de Lobcowitz exigeait que les 6,000 hommes de troupes qui étaient restés dans Prague sous la conduite de Chevert, se rendissent à discrétion ; mais leur intrépide chef répondit à l'officier qui lui en fit la proposition : « Dites au prince que s'il ne m'accorde pas les honneurs de la guerre, je vais mettre le feu aux quatre coins de Prague, et que je m'ensevelirai sous ses ruines. » On le connaissait homme à tenir parole. Le désir de conserver la capitale de la Bohême lui fit accorder l'honorable capitulation qu'il demandait. Chevert alla rejoindre avec sa vaillante troupe le reste de l'armée française à Egra.

Malgré son dépit d'avoir vu échapper les Français à sa vengeance, Marie-Thérèse célébra la reddition de Prague par une fête magnifique. « On y vit, dit Coxe, des courses de chars, à l'imitation de celles des Grecs ; et, pour honorer son sexe, la reine ne permit qu'à des femmes d'entrer dans la

lice. Elle-même y parut, accompagnée de sa sœur. »
Au mois de mai de l'année suivante, elle fut cou-
ronnée dans cette ville importante, comme souveraine d'un royaume dont elle devait le recouvre-
ment encore plus à sa fermeté qu'à la force de
ses armes.

Au milieu de leurs succès, les Autrichiens
éprouvèrent un regret causé par la perte momen-
tanée de la Bavière que le feld-maréchal Seckendorf occupa, après la retraite de Khevenhuller.
Charles VII rentra dans Munich le 2 octobre.

Les Espagnols n'avaient pas été plus heureux
en Italie que les Français en Allemagne. Le roi de
Sardaigne, qui n'avait pu gagner à son parti le
duc de Modène, avait occupé ses États et repoussé
jusque sur les terres du pape le duc de Montemar
que la cour de Madrid avait envoyé en Italie à la
tête d'une armée. Montemar se vit bientôt abandonné par les Napolitains, que leur roi don Carlos rappelait au secours de sa capitale menacée
par les Anglais qui le forcèrent à se déclarer
neutre. Vers le même temps, le prince don Philippe était entré en Savoie avec une autre armée
espagnole et s'était rendu maître de Chambéry;
mais des forces supérieures l'avaient contraint à
une retraite précipitée.

Dès le commencement de l'année 1743, le maréchal de Belle-Isle avait ramené dans leur patrie

8,000 hommes seulement, débris malheureux de la brillante armée à la tête de laquelle il avait traversé une partie de l'Allemagne en législateur et en conquérant. Après avoir pris le repos qu'exigeaient les fatigues d'une retraite que la flatterie contemporaine comparait à celle des Dix-Mille, il était retourné à Francfort. Le cardinal de Fleury, dont l'histoire a loué le désintéressement et la prudence, en lui reprochant toutefois d'avoir poussé l'économie trop loin, avait fini ses jours au village d'Issy, près de Paris, dans la quatre-vingt-dixième année de son âge (29 janvier). Toutes les puissances de l'Europe parlaient de paix, sans qu'aucune eût un désir sincère de terminer la guerre. Elle continua donc, et la reine de Hongrie se couvrit d'une nouvelle gloire en délivrant l'Allemagne de toutes les troupes étrangères qui l'avaient inondée les années précédentes. Le roi et le parlement d'Angleterre, dont le zèle ne s'était point refroidi, continuèrent le subside de 300,000 livres sterling qu'on avait voté pour Marie-Thérèse, et l'armée que le comte de Stairs commandait en Flandre dut se disposer à passer le Rhin.

La Bavière fut le théâtre des premières opérations de la campagne. Au commencement de mai, le prince Charles força les postes avancés des Français à se replier sur l'Iser, et au lieu de poursuivre les fuyards, il tourna vers Braunau, afin de surprendre le général Minuzzi, qui commandait 7 à 8,000 Bavarois fortement retranchés à Erblach. Ce corps, composé en partie de la meilleure cavalerie impériale, éprouva une entière défaite. Le prince lui enleva ses bagages, son artillerie, ses drapeaux, et fit de nombreux prisonniers parmi lesquels se trouva Minuzzi. Puis, reprenant le cours de ses opérations contre les Français, il força le maréchal de Broglie à se retirer sur le Rhin, quoiqu'il eût été renforcé à Schellenberg par 12,000 hommes détachés de l'armée du maréchal de Noailles. La plupart des villes qui se trouvaient sur son passage, furent réduites en cendres et subirent tous les malheurs de la guerre.

Délaissé par ses alliés et alarmé des progrès de l'ennemi, Charles VII s'enfuit encore une fois de Munich. Seckendorf, qui s'était maintenu en Bavière avec un petit corps de troupes, se trouva bientôt dans l'impossibilité de la défendre contre les armées autrichiennes, et reçut l'ordre de conclure un traité de neutralité. Par ce traité, dont le comte de Khevenhuller et le feld-maréchal Seckendorf signèrent les préliminaires le 27 juin, Charles VII renonçait à ses prétentions sur la succession d'Autriche et abandonnait ses États à la reine de Hongrie jusqu'à la conclusion de la paix générale. Les troupes bavaroises se retirèrent dans la Franconie, et l'empereur, sans états, sans argent et sans armée, réduit à solliciter de la France un secours alimentaire pour sa personne, *de quoi ne pas mourir de faim*, alla tenir sa triste cour à Augsbourg, puis à Francfort.

Cependant l'armée anglaise, rassemblée dans les Pays-Bas sous le nom d'*armée pragmatique*, avait pénétré en Allemagne au mois d'avril et avait été fortifiée en route de plusieurs corps de Hessois, de Hanovriens et même de Hollandais, que les états généraux, pressés par l'Angleterre de se déclarer ouvertement pour Marie-Thérèse, avaient envoyés avec le comte Maurice de Nassau. Le comte de Stairs, l'un des élèves du fameux Malborough, commandait cette armée. Il s'avança sur le Mein, afin de se joindre au prince de Lorraine, dans le Palatinat bavarois, écraser le maréchal de Broglie et pénétrer en Alsace. Il arriva sans obstacle à Hanau, et de là se porta jusqu'à Aschaffenbourg, où il plaça son quartier général. Le duc de Noailles, à la tête d'une armée de 55,000 hommes, parmi lesquels étaient l'élite de la noblesse et la maison du roi, arrêta la marche du général anglais, lui coupa les vivres au-dessus et au-dessous d'Aschaffenbourg et le tint comme bloqué dans cette ville, où bientôt son armée souffrit extrêmement de la disette.

Dans cette conjoncture, Georges II, accompagné

de son second fils, le duc de Cumberland, arriva
au camp, pour être témoin de la situation déplorable de ses troupes. Sa présence inspira une nouvelle ardeur à l'armée, et lord Stairs résolut de se
retirer vers Hanau, sur le chemin de Francfort.
Mais ce mouvement ne pouvait s'opérer sans
s'exposer au plus grand danger. En effet, Noailles
avait jeté des ponts sur la rivière entre le village
de Dettingen et Aschaffenbourg, occupé ce défilé et
tous les postes avantageux des environs, et placé
sur la rive gauche assez d'artillerie pour foudroyer
l'ennemi dans sa retraite. « Georges devait, dit le
roi de Prusse en apprenant ces dispositions, ou
périr ou mettre bas les armes. »

La folle impétuosité du duc de Grammont,
lieutenant général et colonel des gardes, comprit
toutes les habiles combinaisons du maréchal
de Noailles. A la vue du désordre où le feu des
batteries jetait les alliés, il quitta la position inexpugnable qu'il occupait près du défilé de Dettingen, et courut dans la plaine au-devant des ennemis. Ceux-ci, qui marchaient en ordre de bataille,
forment leurs rangs et attaquent les Français, dont
les forces, dans cette rencontre, étaient bien infé-
rieures, et dont l'artillerie placée sur les bords du
Mein devenait inutile. Le maréchal arriva, mais
trop tard, avec un renfort; la faute était irrépa-
rable. La bataille ne fut plus qu'une suite de com-

bats isolés ; l'armée française n'échappa à une déroute que par la bravoure de la maison du roi et les prodiges de valeur de la noblesse. Le duc de Rochechouart qui se défendait encore, malgré deux blessures qu'il avait reçues, fut tué sur la place. Les marquis de Sabran, de Fleury, les comtes d'Estrade et de Rostaing, perdirent la vie. Le jeune comte de Boufflers de Remiancourt, enfant de dix ans et demi, eut la jambe cassée d'un coup de canon ; il en souffrit l'amputation avec un courage héroïque, et mourut avec la même fermeté d'âme. La perte fut à peu près égale des deux côtés ; mais les Français éprouvèrent ce désavantage de plus, d'avoir perdu le fruit des plus belles dispositions, et d'être obligés d'abandonner le champ de bataille (27 juin).

Le maréchal de Noailles, malgré cet échec, réussit à se maintenir en Allemagne, et il ne repassa le Rhin qu'à l'approche du prince Charles ; et toute l'Allemagne fut ainsi évacuée par les troupes françaises.

Après la bataille de Dettingen, l'avis du comte de Stairs avait été de passer le Mein et de poursuivre l'ennemi, dont l'armée autrichienne aux ordres du prince Charles n'était pas éloignée ; mais on rejeta sa proposition. Cette armée était une des plus belles et des plus fortes que la maison d'Autriche eût entretenues depuis longtemps en Allemagne. Elle arriva sur les bords du Rhin, et campa du côté de Bade, après avoir traversé la Souabe. De là le prince se préparait à porter le ravage en Lorraine et en Alsace. Il descendit jusqu'au Vieux-Brisach, et son armée, partagée en deux corps, passa un des bras du Rhin et occupa l'île de Reignac. Au premier bruit de cette marche, le maréchal de Coigni se mit à la tête de toutes les troupes qu'il put rassembler et s'avança vers le Rhin, afin d'empêcher les Autrichiens de franchir le second bras de ce fleuve ; il disposa des batteries sur ses bords et attendit l'ennemi avec confiance.

Le 30 août, à quatre heures du matin, 3,000 grenadiers autrichiens, commandés par le comte de Harrach, passent le Rhin sur des bateaux ; ils étaient suivis d'un grand nombre d'autres qui portaient tous les agrès nécessaires pour construire un pont. Ce détachement débarque et marche à la redoute de Rhinviller en poussant des cris affreux. Les soldats français reçoivent de leurs généraux l'ordre de n'employer que l'arme blanche. Au premier cri des ennemis, le comte de Bérenger, les marquis de Balincourt et de Caraman, s'élançant à la tête des dragons à pied, enveloppent les grenadiers, les chargent la baïonnette au bout du fusil, les culbutent les uns sur les autres et en font un horrible carnage. Aussitôt les Autrichiens de reculer, de fuir vers leurs bateaux, et les Français de les pousser dans le Rhin et de faire feu sur ceux qui se rembarquent. Ils y périssent tous, et le comte de Harrach va mourir à Bâle de ses blessures. C'est dans cette attaque sanglante qu'un grenadier de Champagne, qui avait quitté le combat avant les autres, fut rencontré par un officier général qui lui en demanda la raison : « Ma foi, mon général, répond le soldat, j'ai fait ma tâche, voilà le septième grenadier que j'ai tué ; je suis las ; que mes camarades en fassent autant ; on n'a plus besoin de moi. »

Le mauvais succès de cette expédition dégoûta, pour cette fois, le prince Charles de passer le Rhin. Il se retira dans le Brisgaw, où il laissa une partie de son armée, et dispersa le reste dans la Bavière, la Bohême et la haute Autriche.

Marie-Thérèse, qui avait célébré le combat de Dettingen comme une victoire éclatante, et en attendait les plus heureux résultats, n'apprit pas sans quelque chagrin l'échec des grenadiers autrichiens ; mais elle eut bientôt la satisfaction de recouvrer la seule ville de Bohême que ses ennemis occupassent encore. Toutes les autres avaient été reprises. Celle d'Egra, bloquée depuis trois mois, était réduite à la dernière extrémité. Après avoir souffert, avec une constance sans exemple, des maux plus grands que ceux-mêmes que les soldats du maréchal de Belle-Isle avaient éprouvés à Prague, la garnison française fut obligée de se rendre prisonnière de guerre (7 septembre).

En Italie, les opérations militaires avaient commencé avec l'année. Le comte de Gages, que distinguait son caractère entreprenant, avait remplacé le comte de Montemar. Il avait tenté de reprendre l'offensive, s'était avancé jusqu'au Tanaro et avait livré bataille, près de Campo-Santo, à l'armée que commandait le comte de Traun. Au commencement de l'action, les Espagnols avaient obtenu quelque avantage sur la cavalerie autrichienne; mais à la fin ils avaient été repoussés avec perte. Les deux partis s'attribuèrent la victoire. Le comte de Gages, qui s'était ensuite retiré à Bologne, fut bientôt forcé par Traun, qui avait reçu des renforts, de quitter cette ville et de se réfugier à Rimini avec son armée réduite presque à 12,000 hommes.

Le reste de la campagne ne répondit pas à ces premiers succès. Marie-Thérèse, n'appréciant pas assez l'alliance du roi de Sardaigne, ne paraissait pas disposée à remplir ses promesses. De son côté Charles-Emmanuel exigeait plus qu'il n'avait demandé d'abord. Tout l'été s'écoula en négociations infructueuses. Enfin les menaces du roi de Sardaigne, indigné de tant de délais, et les instances de l'Angleterre arrachèrent à la reine de Hongrie son consentement, et un traité fut conclu à Worms entre l'Autriche , Georges II , Charles-Emmanuel et l'électeur de Saxe *pour la défense de la pragmatique et de l'équilibre européen*. Le but secret de cette alliance était d'enlever la couronne impériale à Charles VII, de reprendre la Silésie, de conquérir l'Alsace et la Lorraine, et de fermer l'Italie aux Espagnols. Marie-Thérèse abandonnait au roi de Sardaigne la ville et une partie du duché de Plaisance, le Vigévanesque, le duché de Pavie et le comté d'Anghiera. Georges II s'engageait à tenir dans la Méditerranée une flotte toujours prête à servir la cause commune et à payer au roi de Sardaigne, durant la guerre, un subside annuel de 280,000 livres (13 septembre). A la conclusion du traité, le prince de Lobcowitz, successeur du feld-maréchal Traun dans le commandement de l'armée d'Italie, marcha contre les Espagnols , les chassa de Rimini et les obligea de se retirer derrière Foglia. La saison avancée mit fin aux hostilités, et les deux armées retournèrent dans leurs quartiers d'hiver.

CHAPITRE II.

—

Fin de la guerre de la succession d'Autriche. — Paix d'Aix-la-Chapelle.

—

Mariage du prince Charles de Lorraine avec l'archiduchesse Marie-Anne. — La France déclare la guerre à la Grande-Bretagne et à l'Autriche. — Succès des Français dans les Pays-Bas. — Le prince Charles passe le Rhin et envahit l'Alsace. — Il est rappelé en Allemagne par l'invasion du roi de Prusse en Bohême. — Marie-Thérèse invoque encore une fois l'assistance de la Hongrie. — Frédéric II évacue la Bohême. — Évènements d'Italie. — Mort de Charles VII. — Traité de Fussen. — Bataille de Fontenoy. — Campagne d'Italie. — Défaites du prince Charles à Friedberg et à Sorr. — François-Étienne élu empereur. — Frédéric II envahit la Saxe. — Bataille de Kesseldorf. — Entrée du roi de Prusse à Dresde. — Traité de Dresde avec Marie-Thérèse. — Conquête de Bruxelles par les Français. — Bataille de Rocoux. — Bataille de Plaisance. Prise de Gênes par les Impériaux. — Invasion de la Provence. — Révolte de Gênes. — Blocus et délivrance de cette ville. — Opérations du maréchal de Belle-Isle. — Attaque du poste de l'Assiette. — Succès des Français en Hollande. — Bataille de Lawfeld. — Prise de Berg-op-Zoom. — Siége de Maëstricht. — Paix d'Aix-la-Chapelle.

Au milieu des préparatifs des puissances belligérantes pour la campagne suivante, la cour de Vienne célébra par de splendides fêtes le mariage de Charles de Lorraine avec l'archiduchesse Marie-Anne (7 janvier 1744). Depuis longtemps il avait conçu une vive tendresse pour la sœur de la reine de Hongrie. Ce prince, brave, intrépide dans les dangers, sage dans le conseil, qui se faisait aimer et respecter autant par sa générosité et son affabilité que par son esprit et l'étendue de ses connaissances, fut alors récompensé de ses importants services. Il obtint, conjointement avec son épouse, le gouvernement des Pays-Bas. Marie-Anne avait un caractère aimable et doux ; mais son heureuse union avec Charles de Lorraine ne fut pas de longue durée. Elle mourut le 16 décembre suivant, universellement regrettée.

Depuis le commencement des hostilités, les Anglais et les Français s'étaient trouvés en présence comme simples auxiliaires des puissances intéressées à la querelle et sans aucune déclaration de guerre. Mais bientôt éclatèrent des signes précurseurs d'une rupture plus éclatante, et les deux nations devinrent parties principales dans cette lutte terrible. La France prépara une flotte et appela de Rome le fils de Jacques III, Charles-Édouard, prince ambitieux et entreprenant, pour le transporter en Angleterre avec 10,000 hommes de débarquement ; mais une tempête dispersa l'escadre et déconcerta l'expédition. Cette tentative fut aussitôt suivie d'une déclaration de guerre

Couronnement de l'empereur François Ier

à la Grande-Bretagne et à l'Autriche (mars et avril). En même temps, Frédéric II, comprenant que Marie-Thérèse n'attendait qu'une occasion favorable pour le dépouiller de la Silésie, signait d'abord un traité secret avec la France (5 avril), et cinq semaines après une autre convention, à Francfort, avec la même puissance, l'empereur, l'électeur palatin, et le roi de Suède, comme landgrave de Hesse. Ce second traité, qui était comme le contrepoids de celui de Worms, avait pour but le maintien de la constitution germanique, la reconnaissance de Charles VII par la cour de Vienne, le rétablissement de ce prince dans son électorat de Bavière, et le repos de l'Europe.

Le roi de France pressa ses préparatifs avec vigueur, et leva quatre armées nombreuses, une pour la Provence, deux pour la Flandre, et la quatrième fut destinée à la défense du Rhin. Comme il avait résolu de faire ses premières armes en Flandre, il choisit un général digne de lui ouvrir la carrière de la gloire, le comte de Saxe, qu'il décora du bâton de maréchal de France. Il partit de Versailles afin de se mettre à la tête de ses troupes rassemblées à Lille, et dans l'espace de deux mois, Menin, Ypres, le fort de Knoque, Furnes et Dixmude tombèrent au pouvoir du roi. Réduits en quelque sorte à une entière inaction par des vues opposées, les généraux des alliés étaient témoins de ces progrès sans pouvoir s'y opposer. Le maréchal de Saxe, à la tête d'une armée nombreuse et munie d'un train d'artillerie formidable, occupait d'ailleurs une position avantageuse près de Cambrai et protégeait les opérations en arrêtant les efforts des ennemis. Il semblait qu'aucun obstacle ne dût prévenir la conquête entière des Pays-Bas, lorsqu'on apprit qu'une armée autrichienne était tombée sur l'Alsace comme un torrent.

En effet, le prince Charles, après avoir trompé les Français et les Bavarois sur différents points par quelques attaques simulées, avait passé le Rhin du côté de Spire avec 60,000 hommes, et s'était emparé de Lauterbourg et de Weissembourg. Le maréchal de Coigni, dont la communication avec la France se trouvait coupée, marcha aussitôt sur Weissembourg avec 40,000 Français, Bavarois et Palatins, et attaqua les Autrichiens dans leurs retranchements. Il reprit la ville après un combat sanglant, et n'en fut pas moins obligé d'évacuer Haguenau. Des postes hongrois pénétrèrent jusqu'au delà de la Sarre en Lorraine, et répandirent même la terreur jusqu'à Lunéville, que le roi Stanislas se hâta de quitter avec toute sa cour. Laissant donc au maréchal de Saxe le soin de garder ses conquêtes, le roi partit avec Noailles et 50,000 hommes pour aller au secours de l'Alsace. Arrivé à Metz, il tomba malade, et en quelques jours on désespéra de sa vie (8 août). Cet évènement ne suspendit pas la marche des troupes, et le duc de Noailles passa les Vosges et joignit bientôt le maréchal de Coigni. Toutefois on put à peine entamer l'arrière de l'armée autrichienne qui repassa le Rhin, sans perte, à la vue des Français se dirigeant vers la Bohême pour arrêter les progrès du roi de Prusse qui avait repris les armes.

Alarmé des prétentions de Marie-Thérèse et des progrès du prince Charles en Alsace, glorieux de jouer le rôle de défenseur de l'empire et de protecteur des princes allemands contre la maison d'Autriche, Frédéric II publia le 9 août un manifeste qui portait le même langage que ceux du grand Gustave-Adolphe. Il descendait de nouveau sur le théâtre de la guerre, pour le bien commun, non pour ses propres intérêts, mais pour relever la liberté de l'empire et rendre à l'empereur son autorité. Bientôt il entra dans la Bohême, à la tête d'une armée de 80,000 hommes, s'empara de Prague (16 septembre) et répandit la terreur jusqu'à Vienne.

Au milieu de ce danger, Marie-Thérèse demeura seule intrépide. Elle rappela son armée d'Alsace et se rendit à Presbourg, afin d'invoquer encore une fois l'assistance des Hongrois. Le comte de Palfy, le vénérable palatin du royaume, ordonna d'arborer le grand étendard rouge pour signal d'une levée générale de troupes. 44,000 hommes prirent aussitôt les armes et 30,000 autres formèrent un corps de réserve. La reine fut sensiblement émue de la constante fidélité de ses sujets de Hongrie. Dans cette conjoncture, elle envoya au comte de Palfy, dont elle estimait le noble caractère, un cheval richement caparaçonné et qu'elle-même avait monté, une épée à poignée d'or enrichie de diamants, et une bague d'un grand prix. Elle lui écrivit en même temps cette lettre si remarquable :

« Père Palfy,

« Je vous envoie ce cheval qui est digne de n'être monté que par le plus fidèle et le plus zélé de mes sujets. Recevez en même temps cette épée pour me défendre contre mes ennemis, et portez cet anneau comme une marque de mon affection pour vous.

« MARIE-THÉRÈSE. » (1)

Animés du plus grand enthousiasme pour la cause de leur auguste souveraine, les Hongrois accoururent en foule sous l'étendard royal, et bientôt une armée soutenue par un corps d'Autrichiens et 6,000 Saxons, vola au secours de la Bohême.

---

(1) Coxe, *Hist. de la maison d'Autriche*, t. 5.

Les troupes de Frédéric II avaient conquis en peu de jours la majeure partie de ce royaume, mais elles souffraient du manque de vivres dans un pays où, sur leur passage, elles ne trouvaient que des déserts et des villages vides. La cour de Vienne avait, en effet, ordonné aux paysans, qui tous étaient serfs, d'abandonner leur chaumière à l'approche des Prussiens, d'enfouir leurs blés et de se réfugier dans les forêts voisines, et leur avait promis de réparer tout le dommage qu'ils pourraient souffrir de la part des ennemis. Les troupes légères venues de la Hongrie coupaient facilement toutes leurs communications à cause des marais, des bois, des rochers et des nombreux défilés que renferme la Bohême. Sur ces entrefaites, arriva le prince Charles. Après avoir dirigé sa marche, par la Souabe, jusqu'à Donawerth, il avait laissé le commandement au maréchal comte de Traun, et s'était rendu à Vienne pour y concerter les futures opérations militaires et avait ensuite rejoint son armée.

Jusque-là le roi de Prusse, qui n'ignorait pas les liaisons formées entre les cours de Vienne et de Dresde, avait espéré détacher Auguste III des intérêts de l'Autriche, en lui offrant une partie de la Bohême et de la Moravie avec la principauté de Teschen. Mais sa proposition fut rejetée. *Le marteau d'or des Anglais*, dit Frédéric, avait ouvert *les portes de fer des Saxons*. L'électeur-roi avait ordonné à son armée de se réunir à celle du prince Charles, qui compta alors 90,000 combattants. Le roi de Prusse, coupé de la Bavière, et irrité contre la France et l'ineptie des généraux français qui l'abandonnaient aux prises avec toutes les forces de l'Autriche, se hâta d'évacuer la Bohême et de se replier sur la Silésie. Pendant que Marie-Thérèse recouvrait la Bohême, elle perdait Fribourg, le boulevard de l'Autriche antérieure, dont le maréchal de Coigni avait formé le siége aussitôt après la retraite du prince Charles. Louis XV, convalescent et faible encore, était venu recevoir la soumission de cette ville dont l'héroïque défense avait causé une perte de 18,000 hommes aux assiégeants (5 novembre). En même temps, un corps de troupes bavaroises et françaises aux ordres du feld-maréchal Seckendorf, avait pénétré en Bavière, et remis l'empereur en possession de Munich et de la plus grande partie de son électorat.

En Italie, les vues opposées de Marie-Thérèse ne furent point favorables aux intérêts de la cause commune. Alarmé à l'approche des Autrichiens qui avaient chassé les Espagnols au delà du Fronto, limite de son royaume, don Carlos était sorti de sa neutralité, avait réuni ses troupes à celles de Gages et marché à la rencontre du prince de Lobcowitz. Celui-ci ne put dépasser la ville de Velletri, d'où il fut chassé avec une grande perte après avoir tenté de surprendre au milieu de la nuit le quartier général du roi de Naples, et battit en retraite au commencement du mois de novembre. Dans le nord de l'Italie, don Philippe entreprit une seconde fois de forcer l'entrée du Piémont. Il alla joindre en Provence 20,000 Français commandés par le prince de Conti. Les opérations de cette armée devaient se combiner avec celles des flottes espagnole et française réunies à Toulon et que tenait en échec une flotte anglaise sous la conduite de l'amiral Matthews; une bataille s'engagea devant cette ville; elle fut indécise, mais elle rendit la Méditerranée libre pour quelque temps (22 février). Le 1er avril, l'armée des deux couronnes passa le Var et s'avança vers Nice dont elle se rendit maîtresse. Elle força ensuite le camp retranché du roi de Sardaigne, et s'empara de Montalban et de Villefranche que Victor-Emmanuel jugeait inexpugnable (19 juillet). Philippe et Conti franchirent ensuite les Alpes où chaque rocher était devenu une forteresse, enlevèrent d'assaut Château-Dauphin dans la vallée de Mayra, et investirent Coni. Le roi de Sardaigne, après avoir reçu un renfort de 6,000 Autrichiens, livra bataille pour sauver la place. Il parvint à jeter quelques secours dans cette ville; mais il fut défait au combat de Madouna Dell' Olmo avec perte de 5,000 hommes, et ne dut son salut qu'à un évènement fortuit. La crue subite des eaux contraignit les assiégeants à renoncer à leur entreprise et à se retirer derrière les Alpes (21 octobre 1744.)

Il semblait que l'empereur Charles VII n'était rentré dans sa capitale que pour y trouver un tombeau. Usé par les chagrins d'une ambition funeste, accablé d'infirmités compliquées et prématurées, ce prince succomba enfin sous le poids de tant de maux et mourut à Munich, le 20 janvier 1745, « en laissant, comme le dit Voltaire dans son *Précis du siècle de Louis XV*, cette leçon au monde, que le plus haut degré de la grandeur humaine peut être le comble de la calamité. » Il avait poussé la bienfaisance à l'excès et la libéralité à un tel point, qu'il se trouvait réduit à l'indigence. Il avait perdu deux fois ses États, et sans la mort qui prévint de nouveaux malheurs prêts à l'assaillir, il serait sorti une troisième fois de la Bavière en fugitif.

La mort de l'empereur devait naturellement procurer la paix à l'Europe, puisque la France et la Prusse prétendaient n'avoir pris les armes que pour le soutenir sur le trône ; mais l'ancienne politique d'affaiblir la maison d'Autriche et de lui enlever pour toujours la couronne impériale, parla plus haut que jamais et fit continuer la guerre. Chacune des nations belligérantes cherchait à se venger. L'Angleterre, qui avait été menacée d'une descente des Français en faveur du prince Édouard, se livrait tout entière à son ancienne animosité, et la nation anglaise n'épargnait ni son argent ni ses troupes ; la reine de Hongrie avait la gloire de sa maison à soutenir et les desseins de ses ennemis à prévenir et à renverser. La plus grande fermeté lui fut sans doute nécessaire ; mais au milieu même des périls qui la menaçaient, Marie-Thérèse, au-dessus des revers, préparait les moyens de mettre sur la tête de son époux cette couronne qu'on voulait lui enlever.

Le nouvel électeur de Bavière, Maximilien-Joseph, que les agents de la France avaient engagé à faire revivre les prétentions de son père sur les États autrichiens, ne fut pas plus heureux que Charles VII. Dès le commencement d'avril, il se trouva obligé de sortir de Munich. Alors, soit penchant naturel pour la maison d'Autriche à laquelle il appartenait par sa mère, soit suggestion du comte de Seckendorf que l'on accuse de s'être laissé corrompre par la cour de Vienne et qui, d'ailleurs, avait environné le jeune prince des créatures de Marie-Thérèse, il se décida à faire la paix. Abandonnant donc la France qui avait défendu les intérêts de son père au prix de tant de sang et d'argent, il conclut le traité de Fussen avec la reine de Hongrie. Par ce traité, Maximilien-Joseph renonçait à toute prétention sur la succession autrichienne, s'engageait à garantir la pragmatique sanction, à renvoyer les troupes auxiliaires qu'il avait dans ses États, sous la condition qu'elles ne seraient point inquiétées dans leur retraite, enfin à donner au grand-duc son suffrage électoral. Marie-Thérèse reconnaissait le dernier électeur comme empereur, et sa veuve comme impératrice, promettait de rétablir Maximilien-Joseph dans la possession entière de ses États et de ne plus tirer de contributions de la Bavière.

Au commencement du mois de mai, le roi de France et le Dauphin se rendirent au siége de Tournai, que le maréchal de Saxe avait investi, le 25 avril, avec une armée de 80,000 hommes. L'entreprise des Français sur cette ville, la barrière de leur pays, jeta l'épouvante parmi les Hollandais; ils engagèrent leurs alliés à la défendre. Leurs forces s'élevaient à 60,000 combattants, Anglais, Hanovriens, Hollandais et Autrichiens, sous deux jeunes capitaines impatients de se signaler et sous le vieux comte de Kœnigseck, dont le courage et l'expérience valaient une armée. Ils s'empressèrent de marcher à la délivrance de Tournai et arrivèrent bientôt en vue des postes avancés des Français. Le maréchal de Saxe, alors consumé d'une maladie de langueur et presque mourant, mais dans lequel chaque année de cette lutte sanglante avait développé avec éclat le génie de la guerre, résolut de sortir de ses lignes pour combattre l'ennemi. Il laissa 18,000 hommes devant la place assiégée, 6,000 pour garder les ponts sur l'Escaut et les communications, et prit position dans une plaine triangulaire, ayant à sa droite le village d'Antoin et l'Escaut, son centre au village de Fontenoy, fortifié avec le plus grand soin, et sa gauche au bois de Barry, dont la lisière était garnie de redoutes formidables. La bataille s'engagea le 11 mai, dès le matin, sous les yeux de Louis XV et de son fils, accompagnés des grands officiers de la couronne. Le duc de Cumberland, à la tête des Anglais, s'y couvrit de gloire; les Autrichiens firent des prodiges de valeur. Jamais les Français, soutenus par la présence de leur roi, ne déployèrent plus de courage. La victoire, longtemps disputée, se décida en leur faveur. Les alliés ne se retirèrent qu'en laissant 9,000 morts sur le champ de bataille; les Français en avaient perdu 6,000.

Le même jour, Louis XV écrivit à l'abbé de La Ville, son ministre à la Haye, qu'il ne demandait pour prix de son triomphe que la pacification de l'Europe. Les états généraux ne crurent pas cette offre sincère; elle fut éludée par la reine de Hongrie et par les Anglais, et la guerre

continua. Profitant de la terreur qu'avaient inspirée leurs armes, les Français se rendirent d'abord
maîtres de Tournai et de Gand, et le reste de la
campagne ne fut plus qu'une suite de conquêtes.
En moins de trois mois, Bruges, Oudenarde,
Dendermonde, Ostende, Nieuport et Ath tombèrent successivement en leur pouvoir. Pendant
que l'extrémité septentrionale de la monarchie
autrichienne tombait sous les coups des Français,
l'extrémité méridionale était attaquée avec le
même succès par les Espagnols.

Dès le printemps, don Philippe et le maréchal
de Maillebois étaient entrés sur le territoire piémontais, sans trouver de forteresses ennemies
sur leur passage : car le gouvernement de Gênes
avait embrassé la cause des Bourbons, se ven-
geant ainsi de ce que Marie-Thérèse avait cédé
au roi de Sardaigne le marquisat de Final. Par le
traité d'Aranjuez, il s'était engagé à mettre sur
pied 10,000 hommes, avec un train d'artillerie
considérable. Les alliés, dont l'armée monta à
70,000 combattants par la jonction des troupes
aux ordres du duc de Modène et du comte de
Gages, prirent en quelques semaines Tortone,
Plaisance, Parme et Pavie. Effrayés de la rapidité
de ces conquêtes, qui semblaient annoncer l'invasion prochaine de la Lombardie, les Autrichiens
et les Piémontais se hâtèrent de marcher vers le

Tanaro, pour en défendre le passage. Le fils de Maillebois ayant fait une menace sur Milan, les Autrichiens volèrent au secours de cette ville, et le comte de Gages, tombant sur les Piémontais isolés, les vainquit à Bassignano (28 septembre). Pendant que cette bataille se livrait, une escadre anglaise composée de treize vaisseaux, bombardait Final sans beaucoup de succès. La prise d'Alexandrie, de Valence, du château de Casal, et d'Asti, couronna la victoire de Bassignano. Ces villes servaient de rempart à Milan, qui n'avait point de fortifications. L'infant y entra sans résistance, le 16 décembre, et trois jours après il reçut le serment de fidélité des habitants. Ébranlé par tant de revers, le roi de Sardaigne désira vivement la paix, entretint des intelligences secrètes avec les généraux français et conclut avec Louis XV les préliminaires de Turin, par lesquels tout le Milanais sur la rive gauche du Pô, et quelques cantons sur la rive droite, devaient lui être abandonnés dès que l'Espagne aurait donné son adhésion (26 décembre).

La victoire de Fontenoy et la prise de Tournai étaient des évènements glorieux pour Louis XV et avantageux à la France; mais pour l'intérêt direct de la Prusse, une bataille gagnée au bord du Scamandre, ou la prise de Pékin, ainsi que l'écrivait Frédéric, auraient été des diversions égales.

En effet, ce roi se trouva dans une situation fort critique au commencement de l'année 1745. N'ayant plus d'autre allié que la France, qui avait tourné toutes ses vues du côté des Pays-Bas, il se trouva exposé seul aux armes réunies de l'Autriche et de la Saxe, et fut obligé de se tenir sur la défensive. Retranché dans la Silésie, il y laissa pénétrer ses ennemis, sur la conduite du prince Charles. Le mois d'avril se passa en escarmouches ; mais au bout de quelque temps Frédéric sortit de son inaction et attaqua les Saxons et les Autrichiens à l'improviste, près de Friedberg avec un succès complet. L'action dura sept heures et fut des plus vives (4 juin). Les Autrichiens et les Saxons, animés par l'exemple du prince qui les commandait, ne cédèrent qu'après des efforts opiniâtres. Ils laissèrent 6,000 hommes sur le champ de bataille et 7,000 prisonniers, 76 drapeaux, 7 étendards et 66 canons au pouvoir des Prussiens. La perte de ces derniers ne s'éleva pas à plus de 2,000 hommes. Le vainqueur écrivit alors à Louis XV : « J'ai acquitté à Friedberg la lettre de change que vous avez tirée sur moi à Fontenoy. »

Après ce brillant succès, le roi de Prusse poursuivit le frère du grand-duc jusqu'en Bohême. Mais la position avantageuse que le prince occupa au confluent de l'Elbe et de l'Adler, et la nécessité où était le roi de maintenir sa communication avec la Silésie, l'empêchèrent de profiter de sa victoire. Entouré de tous côtés par les troupes légères des Autrichiens et tenu en alarmes continuelles, il fut même obligé, à la fin de septembre, de rétrograder, et il se porta vers le village de Sorr, d'où la bataille qu'il livra à ses ennemis tira son nom. L'armée du prince Charles était presque du double supérieure à celle de Frédéric; mais les troupes prussiennes, commandées par un général habile et doué d'une prodigieuse activité, déployèrent un courage invincible. La cavalerie, parfaitement exercée, attaqua les escadrons autrichiens, et mit le désordre dans leurs rangs. Ils prirent la fuite et n'écoutèrent ni les exhortations ni les menaces de leurs chefs pour les rallier. Le prince de Lobcowitz, qui, dans sa violente indignation, avait puni la lâcheté de trois de ses officiers, en les tuant de sa propre main, fut jeté dans un fossé par ses soldats. L'infanterie, trois fois repoussée, revint trois fois à la charge et emporta les batteries des Autrichiens, qui, malgré leur résistance, furent vaincus une seconde fois. Le roi de Prusse avoue que dans cette journée il a commis plusieurs fautes, et attribue la victoire à la bonne conduite de ses troupes et au manque de discipline de celles de l'ennemi. Vivement frappé du danger qu'il avait couru, il s'écria, dit-on, après la victoire : « Puisqu'ils ne m'ont pas battu cette fois, ils ne me battront jamais ! » Il resta par honneur cinq jours sur le champ de bataille de Sorr et se retira ensuite des confins de la Bohême, où la difficulté de se procurer des vivres et la supériorité de l'ennemi en troupes légères, ne lui permettaient pas d'établir ses quartiers d'hiver.

Ces brillants succès de Frédéric II, les conquêtes de Louis XV en Flandre, l'entrée d'une armée française en Allemagne, sous les ordres du prince de Conti, pour s'opposer à l'élection du grand-duc, semblaient devoir reculer indéfiniment cette élection que la reine de Hongrie poursuivait de tous ses efforts; mais les sages mesures qu'elle prit la firent triompher de tous les obstacles. Elle couvrit Francfort d'une armée si imposante, que les Français repassèrent le Rhin. Tenus en échec sur les bords du fleuve tout le temps que la diète fut en séance, ils laissèrent le champ libre au duc François. Leur retraite fit éclater l'esprit de vertige des princes de l'empire et leur attachement pour la maison d'Autriche. Élu empereur à l'unanimité des suffrages, excepté ceux de l'électeur de Brandebourg et de l'électeur palatin, dont la diète n'écouta pas les protestations (13 septembre), le grand-duc de Toscane, comte de Falkenstein en empire, reçut la couronne le 4 octobre suivant, sous le nom de François Ier. Marie-Thérèse, présente à la cérémonie dans une tribune de l'église, eut la satisfaction de donner la première le signal de l'acclamation en criant : *Vive l'empereur François !* acclamation que répéta, au milieu des plus vifs transports d'allégresse, la foule immense des spectateurs.

Ce grand jour où la reine de Hongrie voyait rentrer la couronne impériale dans son illustre maison, était pour elle la récompense de tant de travaux et d'inquiétudes. De Francfort, elle alla voir son armée qui était à Heidelberg. L'empereur lui-même la reçut à la tête des troupes. Elle passa entre les rangs, saluant avec bonté, dîna en public sous une tente, et afin que tout le monde prît part à sa joie, elle fit distribuer un florin à chaque soldat.

Tout en combattant, le roi de Prusse ne cessait de négocier pour obtenir une paix séparée. Pendant l'élection de l'empereur, il avait recherché la médiation de Georges II, et une convention secrète, conclue à Hanovre, contenait les conditions qui, plus tard, servirent de base à la paix de Dresde. Marie-Thérèse, quoique ses finances fussent depuis longtemps en mauvais état, et qu'elle eût même été obligée de faire porter à la monnaie l'argenterie des églises, rejeta toutes les conditions proposées : elle ne voulait pas terminer la

campagne d'une manière humiliante ; et d'ailleurs
la dignité impériale nourrissait dans son cœur les
plus hautes espérances. Elle avait résolu de réunir
toutes ses forces à celles de la Saxe, de les faire
marcher contre Berlin et de démembrer les Etats
du prince qui le premier, avait osé porter atteinte
à l'unité de la monarchie autrichienne. Mais Frédéric prévint ses ennemis, envahit la Saxe et la
Lusace, et par le combat de Hennersdorf commença une nouvelle suite de triomphes. La Lusace
conquise, il se porta sur Dresde, tandis que le
prince Léopold d'Anhalt s'emparait de Leipsick et
de Meissen, et écrasait à Kesseldorf (15 décembre)
l'armée saxonne qui laissait 3,000 morts sur la
place, 215 officiers, 6,500 soldats, plusieurs
étendards et 48 canons au pouvoir de l'ennemi.
Le prince Charles, qui venait la secourir, ne put
qu'en recueillir les débris avec lesquels il se retira
en Bohême.

Trois jours après la journée décisive de Kesseldorf, Dresde se rendit au roi de Prusse qui entra
dans cette capitale suivi de 10 bataillons et de
6 escadrons. Il y établit son quartier avec l'état-
major de ses deux armées et désarma trois régiments de milice qui composaient la garnison. Auguste III avait laissé ses enfants dans cette ville
et s'était enfui à Prague. Frédéric s'empressa
d'aller leur rendre visite pour calmer leur crainte

et les rassurer entièrement; il s'efforça d'adoucir leur infortune en leur faisant rendre scrupuleusement tous les honneurs qui leur étaient dus ; la garde du château fut même soumise à leurs ordres. Il rassura les citoyens alarmés, ordonna d'ouvrir les boutiques qu'on avait fermées, reçut à sa table tous les ministres étrangers, et le soir il fit représenter l'opéra italien d'*Arminius*. Dresde ne s'aperçut qu'elle était au pouvoir du vainqueur que par les fêtes qu'il y donna (1).

L'électeur de Saxe implora son salut de Marie-Thérèse, et l'impératrice-reine, dont les propres revers n'avaient point abattu le courage, se montra sensible au malheur de son allié et sacrifia volontiers son intérêt et sa vengeance afin de préserver Auguste III d'une ruine totale. Elle accepta la médiation de la Grande-Bretagne, et Frédéric, toujours allié peu sûr et politique peu scrupuleux, consentit à la paix et laissa le roi de France seul chargé du fardeau de la guerre. Par le traité de Dresde (25 décembre), Marie-Thérèse garantit à Sa Majesté Prussienne la possession de la Silésie et du comté de Glatz. En retour, Frédéric II évacua la Saxe, reconnut le droit de suffrage de la Bohême et adhéra à l'élection de François Ier. L'électeur palatin, l'électeur de Saxe et le landgrave de

____

(1) Voltaire, *Siècle de Louis XV.*

Hesse furent compris dans ce traité, dont le roi d'Angleterre se rendit garant.

Cette paix changeait la face des affaires. La guerre de la succession d'Autriche, entreprise dans le but de faire sortir la couronne impériale de cette maison et de partager ses possessions, s'était transformée en une guerre soutenue par la France et l'Espagne contre l'Autriche qui voulait étendre ses possessions en Italie, et contre l'Angleterre qui devait retirer de grands avantages de toute guerre continentale. Ainsi l'Allemagne n'allait plus offrir qu'un champ de bataille où la Grande-Bretagne pousserait sans cesse les nations afin de les affaiblir les unes par les autres, et de mettre à profit leurs préoccupations ou leurs désastres pour saisir le sceptre des mers, l'objet de ses ambitieux désirs. Une autre puissance, qui grandit sans cesse, ne tardera pas à marcher dans les voies de cette politique : quand la Russie voudra partager la Pologne et dépouiller la Turquie, elle n'oubliera pas, elle aussi, de faire naître des troubles sur les bords du Rhin, et de se mêler de toutes les affaires de l'Allemagne. Triste condition d'un pays qui cherchait vainement l'unité politique, unité si désirable qu'il n'a pas encore trouvée, et qui, dans ses craintes puériles contre l'ambition de la France, avait recours à tous les moyens pour l'abaisser. Dans son étrange aveuglement il ne voyait pas croître, à l'orient et à l'occident de l'Europe, deux vastes empires, dont l'un, suivant un historien de notre époque, menacera peut-être un jour son indépendance, et dont l'autre bloque ses ports et limite son commerce.

L'objet de la guerre opiniâtre que se faisaient les premières puissances de l'Europe avait changé. Par ses conquêtes en Flandre, Louis XV voulait obliger l'impératrice-reine à céder ce qu'elle disputait en Italie, et contraindre les états généraux à abandonner l'alliance de la maison d'Autriche. Marie-Thérèse avait pour but de se dédommager sur la France de ce qu'elle avait été obligée de céder au roi de Prusse; c'était aussi le projet des Anglais, devenus partie principale après n'avoir été qu'auxiliaires.

Privé une seconde fois des secours de la Prusse, Louis XV n'en continua pas moins la guerre. Avant que les Autrichiens eussent pu rassembler dans la Flandre des forces suffisantes, le maréchal de Saxe ouvrait la campagne par l'importante conquête de Bruxelles, où le roi fit son entrée le 4 mai 1746. Malines, Louvain, Anvers, Mons, Charleroi et Namur firent successivement leur soumission. Vers la fin de septembre, il ne restait plus aux Autrichiens, dans les Pays-Bas, que Luxembourg et Limbourg. Le prince Charles, à la tête de 80,000 hommes, ne put sauver aucune de ces places des mains des Français. Accablé de douleur par la mort récente de son épouse, qu'il aimait tendrement, il se contentait de faire une guerre défensive et d'opposer des manœuvres savantes à la marche rapide du maréchal de Saxe qui prévint tous ses desseins.

Au commencement de l'hiver, le prince s'établit en-deçà de la Meuse, appuyant sa droite à Maëstricht et sa gauche à Liége. Par cette position il couvrait la Hollande et pouvait inquiéter les Français, s'ils prenaient leurs quartiers dans quelques-unes des villes conquises. Le maréchal de Saxe résolut de l'attaquer et de le forcer à repasser la Meuse. Ce dessein engagea la bataille de Rocoux, dans laquelle les alliés, après une résistance opiniâtre, perdirent 12,000 hommes et presque toute leur artillerie (11 octobre). Ils furent obligés de se retirer au delà de la Meuse, et ils prirent leurs quartiers d'hiver dans les duchés de Luxembourg et de Limbourg. Les Français occupèrent le pays dont ils venaient de faire la conquête. Mais leurs armes, victorieuses en Flandre, n'étaient pas couronnés du même succès en Italie. Délivrée, par la paix de Dresde, du fardeau de la guerre contre le roi de Prusse, l'impératrice-reine avait envoyé 30,000 hommes au delà des Alpes, sous le prince de Lichtenstein. L'arrivée de ce puissant secours rendit aux généraux autrichiens la supériorité qu'ils avaient perdue, et la confiance au roi de Sardaigne qui rompit ses intelligences secrètes avec la France. Don Philippe, Maillebois et Gages ne s'accordaient pas ; aussi leurs troupes, diminuées de moitié par l'indiscipline et les maladies, furent-elles d'abord battues en détail, et plus tard en bataille rangée. Les Austro-Sardes reprirent Asti, Milan, Guastalla, Parme, et marchèrent sur Plaisance.

A l'approche de Lichtenstein, Maillebois, qui dès le mois de décembre précédent avait prédit une destruction totale, si l'on s'obstinait à rester dans le Milanais, proposa de reculer sur Gênes, pour y rétablir l'armée; mais le conseil d'Espagne n'en voulut rien faire. Le maréchal n'était pas non plus d'avis d'attaquer l'armée impériale ; le comte de Gages lui montra des ordres précis de la cour de Madrid et l'on fut obligé, avec 28,000 hommes, de livrer bataille à 45,000 Autrichiens, près de Plaisance (16 juin 1746). Ce fut la plus longue, et une des plus sanglantes de toute la guerre. Le maréchal de Maillebois commença l'attaque trois heures avant le jour, et longtemps la victoire favorisa l'aile droite qu'il commandait; mais l'aile gauche ayant été enveloppée par un nombre supérieur d'ennemis, et le général d'Aremburre blessé et pris, Maillebois ne put la secourir assez tôt, et elle fut entièrement défaite. La fatale journée de Plaisance coûta aux Franco-Espagnols plus de 8,000 hommes tués ou blessés et 4,000 prisonniers. Le prince de Lichtenstein, qui se trouvait dans le même état de maladie et de langueur que le maréchal de Saxe à la bataille de Fontenoy, se couvrit de gloire par ses habiles dispositions, par sa conduite et son courage. Enfin le roi de Sardaigne arriva, et l'armée vaincue se trouva dans un danger plus grand.

Dans cette triste conjoncture, la nouvelle de la mort de Philippe V, roi d'Espagne, devait mettre le comble à tant d'infortunes. On ne savait pas encore si le nouveau roi, Ferdinand VI, ferait pour son frère d'un second mariage ce que Philippe V avait fait pour un fils. L'armée des trois couronnes de France, d'Espagne et de Naples commença une pénible retraite vers le territoire de la république de Gênes. Elle eût été forcée de se rendre aux Piémontais qui interceptaient la route à Tortone, sans la valeur du comte de Maillebois, fils du maréchal. Sous les yeux de son père, il ouvrit le passage par un combat glorieux. On gagna sans obstacle les Apennins et bientôt Gavi, sur les confins des Génois. Ceux-ci supplièrent vainement leurs alliés de ne pas les abandonner à la merci du vainqueur. Mais réduits à 12,000 hommes, découragés et manquant de tout, ils ne voulurent point s'enfermer dans Gênes où ils pouvaient en toute sûreté attendre des renforts, continuèrent leur retraite précipitée, et se retirèrent derrière le Var. Les Espagnols se séparèrent alors des Français, et marchèrent par le Dauphiné vers la Savoie dont ils étaient toujours maîtres.

Pendant que Victor-Emmanuel occupait Final et la rivière du Ponent, les Impériaux prenaient Novi, Voltaggi, Gavi, et s'emparaient du passage de la Bocchetta, réputé imprenable, mais que les troupes génoises, chargées de sa défense, abandonnèrent sans résistance pour aller rejoindre les débris de l'armée française et espagnole. En même temps, une escadre anglaise bloqua plus étroitement le port de Gênes. Enveloppée de tous côtés et saisie de terreur, cette ville ne chercha point à profiter des puissants moyens de défense que lui avaient procurés la nature et l'art, et se hâta d'ouvrir ses portes à l'ennemi (8 septembre). Le vainqueur implacable lui imposa les plus dures conditions. La république se soumit aux troupes de l'impératrice-reine, et s'engagea à leur remettre toute son artillerie et ses munitions de guerre. Il fut stipulé que quatre sénateurs seraient livrés comme ôtages à Milan, pour l'accomplissement de la capitulation ; que tous les prisonniers de guerre se trouvant au pouvoir de la république devaient être mis en liberté, et que les citoyens paieraient sur-le-champ une somme de 400,000 livres de France. Le doge et six sénateurs durent se rendre à Vienne, afin d'y implorer la clémence de Marie-Thérèse. « Cette princesse mit sa gloire à refuser ce que Louis XIV avait exigé. Elle crut qu'il y avait peu d'honneur à humilier les faibles, et ne songea qu'à tirer de Gênes de fortes contributions, dont elle avait plus de besoin que du vain honneur de voir le doge de la petite république de Gênes avec six Génois au pied du trône impérial. (1) » Le marquis de Botta d'Adorno, Milanais, prit, à la tête d'un corps de 15,000 hommes, possession de la place au nom de l'impératrice-reine.

Le commissaire impérial près de l'armée arriva le lendemain de l'entrée de Botta dans Gênes où régnait la consternation. Il déclara aux patriciens mandés auprès de lui que l'impératrice consentait à laisser aux Génois leur Etat et leurs lois ; mais que leur pays ayant servi de passage pour introduire les Français et les Espagnols dans la Lombardie, ils devaient subir les peines d'une guerre si calamiteuse ; mais que Sa Majesté, dans sa clémence, daignait se contenter de 3,000,000 de *génovines* (9,000,000 florins), dont 1,000,000 sous quarante-huit heures, le second dans huit

---

1) Voltaire, *Siècle de Louis XV*.

jours et le troisième dans quinze (1). Les plus riches familles et la banque de Saint-George durent intervenir de leurs ressources pour aider à effectuer les paiements réclamés aussitôt, sous peine de pillage,

Après de vives contestations sur le plan d'opérations qu'il convenait de suivre, 40,000 Autrichiens passèrent le Var et envahirent la Provence. Ils abandonnèrent au pillage Vence et Grasse, assiégèrent Antibes, et ravagèrent tout le pays jusqu'à la Durance, tandis que les Anglais faisaient des descentes en Bretagne, bloquaient les ports de Toulon et de Marseille, attaquaient les possessions des Français en Asie et en Amérique, et leur enlevaient l'importante colonie du cap Breton. Le marquis de Mirepoix, trop faible pour attaquer les Impériaux, prit le parti de les harceler et d'arrêter leur marche en attendant le maréchal de Belle-Isle qui volait à son secours. C'était à lui qu'il appartenait de réparer les maux d'une guerre universelle que lui seul avait allumée. Il arriva en Provence, sans argent, sans soldats, sans vivres, au milieu de la désolation du clergé, des notables, des miliciens effrayés, et de quelques débris de régiments sans discipline. Comme les ressources étaient encore éloignées et que le

____

(1) Botta, *Hist. d'Italie*, I. 44.

danger pressait, il emprunta en son nom 50,000 écus pour subvenir aux besoins les plus urgents. Le maréchal montra de vrais talents en reformant dans l'intervalle de quelques jours, avec quelques bataillons et quelques escadrons que lui envoyait le gouvernement, une petite armée, à la tête de laquelle il couvrit Castellane, Draguignan, Brignoles et arrêta les courses de l'ennemi. Enfin, au mois de janvier 1747, il avait réorganisé 60 bataillons et 22 escadrons. Avec cette armée et l'aide du marquis de la Mina, général de Ferdinand VI, qui lui fournit 4 à 5,000 Espagnols, il reprit l'offensive et réussit à refouler les Autrichiens en Italie. Les ennemis étaient d'ailleurs forcés à la retraite par le manque de subsistances. Ils avaient d'abord tiré toutes leurs provisions de Gênes ; mais la révolution subite et inouïe dont cette ville fut alors le théâtre, les priva de ce secours nécessaire.

Depuis la signature de la capitulation, le marquis de Botta, abusant cruellement du droit de la victoire, avait fait éprouver toutes sortes de mauvais traitements aux Génois. Ses soldats avaient été logés à discrétion chez les habitants, et il avait exigé, outre le paiement de l'énorme contribution de 50,000,000, la remise des joyaux sur lesquels la maison d'Autriche avait fait un emprunt.

A ces vexations se joignaient des mépris et des

insultes de tous les instants, particulièrement de
la part du commissaire impérial, et les exigences
monstrueuses de Botta. Les tribunaux civils
n'osaient pas prononcer contre celui qui obtenait
sa protection. L'un des avocats les plus honorables dut renoncer à une affaire, parce que Botta
était opposé à l'une des parties, qui s'était procuré
des recommandations à Vienne. La ville était pour
ainsi dire livrée à un pillage régulier. Les Autrichiens entraient dans les maisons et prenaient
sans payer tout ce qui était à leur guise. Jaloux de
ses alliés, le roi de Sardaigne voulut aussi avoir
sa part dans les dépouilles de Gênes : l'amiral
anglais envoya dans le port un vaisseau avec un
chebec, qui se saisirent de tous les bâtiments marchands à leur portée, le tout au profit de Charles-
Emmanuel. Botta n'osait pas s'opposer à cette
espèce de piraterie exercée sous ses yeux, parce
que lui-même se livrait à toutes sortes de dépré-
dations.

Les Génois, voyant leur commerce ruiné, leur
crédit perdu, leur banque épuisée, les magnifiques
maisons de campagne qui embellissaient les environs de leur ville livrées au pillage, les excès
des troupes laissés impunis, frémissaient sous le
joug de leurs maîtres odieux. La fureur et le
désespoir étaient montés au plus haut degré et
n'attendaient qu'un signal pour éclater.

Les Autrichiens, auxquels le roi de Sardaigne avait refusé de l'artillerie pour le siège d'Antibes, tiraient de l'arsenal de Gênes des canons et des mortiers et employaient les habitants à ce travail (5 décembre 1746). Un capitaine ayant frappé de sa canne l'un d'eux qui avait refusé d'aider à transporter un mortier jusqu'au port, l'indignation longtemps comprimée fit explosion, et le peuple se souleva sans armes contre les 12,000 étrangers qui étaient maîtres de ses remparts. Un jeune garçon lança une pierre au capitaine, et d'autres suivant cet exemple, les soldats allemands durent prendre la fuite. Dans la nuit, la populace s'arma de tout ce qu'elle put trouver, pierres, bâtons, épées, fusils, instruments de toute espèce, et parcourut les rues en criant : *Aux armes ! Vive Marie !* Les Autrichiens répondaient : *Vive Marie-Thérèse !* Les autorités de la république essayèrent de rétablir l'ordre ; mais les rassemblements grossirent. Elles députèrent alors un patricien au marquis de Botta, qui était à Saint-Pierre des Arènes, pour l'informer de ce qui se passait, et le prier de renoncer à l'enlèvement de l'artillerie, s'il voulait que le peuple se calmât. Le général répondit qu'il enverrait le lendemain un détachement plus nombreux enlever le mortier, et qu'il méprisait les clameurs de la populace.

Le lendemain, les insurgés demandèrent des

armes ; mais le gouvernement fit entourer de doubles gardes le palais où elles étaient déposées. Lorsqu'il eut vu le peuple dresser des échelles, afin d'entrer par les fenêtres de l'arsenal, il ordonna que les armes fussent transportées ailleurs par des soldats réguliers. En même temps, de nouveaux messagers, envoyés à Botta, le conjurèrent d'agir avec prudence ; leur médiation pacifique fut néanmoins impuissante contre des passions déchaînées. Le peuple s'empara des portes qui n'étaient pas occupées par les Autrichiens, pilla les magasins des armuriers, et attaqua ensuite la porte de Saint-Thomas, jusqu'à ce que de nombreux détachements de cavalerie autrichienne vinssent disperser les attroupements. La nuit suivante, le peuple, rassemblé en plus grand nombre, barricada les rues, força l'entrée des bâtiments des jésuites dont il fit le centre de ses opérations, établit en ce lieu un commissaire général avec plusieurs lieutenants généraux qu'il choisit, et institua des autorités ; puis il déclara nulle et de nulle valeur la capitulation conclue par la noblesse seule.

Le marquis de Botta fit alors appeler à Gênes toutes les troupes dispersées dans les villes du littoral. Il voulut, en attendant leur arrivée, se borner à défendre les points qui étaient en sa possession. Cependant le 7 décembre, malgré l'ordre donné aux capitaines des vallées de Bisagno et de Polcevera de maintenir dans la tranquillité les habitants de ces cantons, ceux de la vallée de Bisagno et du quartier de Saint-Vincent se rallièrent au peuple, emmenèrent des canons et se mirent à tirer sur les ennemis. Le 8, des marchands et de riches artisans se joignirent aux insurgés dans les rangs desquels, selon le récit de Coxe, on vit aussi des sénateurs et des officiers français déguisés; l'ordre vint de régler l'entreprise sans ralentir l'ardeur. Pendant quelque temps le peuple et les Autrichiens se canonnèrent dans la rue *Balbi;* puis on négocia. Les patriciens qui redoutaient les commotions et les combats, se portèrent comme médiateurs entre les parties. Ils obtinrent facilement un armistice, parce que Botta espérait voir bientôt arriver les troupes appelées par lui des environs, et parce que les insurgés désiraient s'armer plus convenablement. Le peuple demanda que les Autrichiens abandonnassent les portes, s'abstinssent de toute exigence ultérieure, et qu'ils restituassent l'artillerie enlevée. Le marquis de Botta ne voulut point consentir à l'évacuation des portes, et les négociations se prolongèrent jusqu'au 9 décembre.

Décidé à secouer le joug de ses oppresseurs, le peuple éleva des barricades, des retranchements, des batteries. Il avait maintenant des armes et des munitions de guerre en assez grande quantité ; il n'accorda plus au général ennemi qu'un court délai, jusqu'au matin du 10, pour faire des réflexions et prendre un parti. A l'heure fixée, retentit le tocsin de Saint-Laurent, de tous les clochers de la ville et de tous les villages des vallées. Les paysans s'assemblèrent au nombre de 20,000. Les Allemands furent attaqués à la fois dans le faubourg de Bisagno et dans celui de Saint-Pierre des Arènes, et à l'instant s'engagea une vive canonnade. Botta consentit alors à remettre les portes au sénat ; mais le peuple rejeta cette concession et recommença la lutte avec une nouvelle ardeur. Enfin le général et ses troupes se retirèrent en désordre laissant près de 1,000 morts sur la place, et entre les mains des Génois 4,000 prisonniers, tous leurs magasins et une grande partie des bagages des officiers ; ils se dirigèrent vers le poste de la Bocchetta, poursuivis sans cesse par de simples paysans. Forcés de l'abandonner, ils s'enfuirent jusqu'à Gavi et n'échappèrent à une entière destruction qu'en répandant le bruit que leur retraite était déterminée par un traité en vertu duquel ils retournaient dans leur patrie.

La cour de Vienne ne pouvait laisser sans vengeance cet affront pour les armes autrichiennes, cette révolte qu'elle considérait comme un attentat plus atroce que les vêpres siciliennes. Égarée par le ressentiment, elle publia contre les Génois un manifeste qui les déclarait rebelles et frappa de confiscation tous les biens de ceux qui se trouvaient dans ses États (29 mars 1747). Plus tard elle reconnut les droits des propriétaires, mais saisit les revenus courants, afin de les appliquer aux frais de la guerre. Le marquis de Botta, atteint de maladie, avait demandé et obtenu son congé. Le comte de Braun représentait le siége et la réduction de Gênes comme une entreprise des plus difficiles ; il dut céder le commandement de l'armée au comte de Schulembourg, fameux pour avoir résisté au roi de Suède, Charles XII, et pour avoir défendu Corfou contre l'empire ottoman.

Renforcée de 6,000 Sardes et de soldats albanais accoutumés à combattre au milieu des rochers, l'armée autrichienne se mit en mouvement. Elle força le passage de la Bocchetta et poussa bientôt jusqu'à Decimo. Un officier envoyé par Schulembourg somma la république de se soumettre et de reconnaître ses torts, si elle ne voulait pas que la ville fût traitée avec la dernière rigueur. Les Génois rejetèrent les orgueilleuses prétentions de leurs ennemis, et répondirent qu'ils espéraient se maintenir dans la liberté où Dieu les avait fait naître (15 avril). Étroitement resserrée du côté de la terre par les Autrichiens, qui s'étaient emparés des forts Creto et

Diamant, et auraient pu tirer un grand avantage de ces positions, s'ils n'avaient pas manqué de grosse artillerie, Gênes ne pouvait être secourue que par mer. La flotte anglaise, aux ordres de l'amiral Medley, dominait sur les côtes et rendait même cette chance très-incertaine. Déjà la consternation régnait dans cette ville, et quelques-uns des habitants entretenaient des intelligences avec ses oppresseurs.

A la nouvelle de l'insurrection de Gênes, le cabinet français hésita d'abord dans sa conduite envers cette ville, à cause des désordres où l'avait jetée l'influence de la populace. Durant le combat, les nobles, renfermés dans leurs palais, s'étaient dérobés à tous les regards et n'avaient osé paraître qu'après le départ des Autrichiens. Le peuple seul avait brisé le joug étranger, et maintenant il prétendait diriger seul ses affaires. L'ancien gouvernement de droit n'avait pas été renversé, mais il demeurait sans action; les chefs que le peuple avait institués pendant la lutte conduisaient tout. On trouvait néanmoins que leur autorité se prolongeait trop; déjà l'on demandait des nominations plus régulières, et qu'un plus grand nombre de citoyens prît part aux affaires publiques. Le bruit courait d'ailleurs que les chefs actuels s'étaient attribué une énorme portion de butin. Le 17 décembre, se tint une réunion du peuple, sur une des places de la ville, à ciel découvert : on abolit les premiers magistrats du *quartier général*, et l'on créa un nouveau conseil auquel fut donné le nom de *députation*; il devait être composé de trente-six membres, tous du peuple : douze artisans tirés au sort; huit parmi les avocats, notaires et marchands ; douze des ouvriers, parmi les premiers qui avaient pris les armes, et quatre parmi les habitants de Polcevera et de Bisagno. Des règlements furent établis pour la tranquillité publique et l'armement de la population. Mais les nouveaux magistrats se voyaient exposés à de nombreux tourments qu'inventaient les caprices de la multitude. Les désordres continuèrent, et pour y mettre fin, les *popolari* appelèrent d'abord deux anciens sénateurs au quartier général, et ensuite tous les autres. Les compagnies des arts et métiers, organisées et armées, reçurent dans leurs rangs les patriciens, et le doge fut élu colonel des quatre compagnies du quartier du château. Afin de régulariser les mouvements de Polcevera et de Bisagno, on nomma aussi des patriciens qui se montrèrent animés du plus grand zèle pour la cause publique. Mais les Autrichiens, qui entretenaient des intelligences dans la ville, employèrent tous les moyens pour inspirer de la défiance contre la noblesse. Le peuple finit par croire qu'elle était disposée à s'entendre avec l'ennemi, et, n'écoutant point la voix de la raison, il se porta contre elle à des excès. Alors tous les citoyens amis de l'ordre sentirent la nécessité de revenir à l'ancienne forme du gouvernement. Le doge, les colléges et les autres magistratures reprirent l'exercice de leurs fonctions, et le *quartier général* du peuple ne conserva plus qu'une sorte de surveillance sur les affaires de la guerre. Lorsque les périls extérieurs eurent disparu, cette autorité cessa complètement, et les anciennes magistratures recouvrèrent la plénitude de leurs droits. L'union une fois rétablie, les Génois imprimèrent une direction plus habile à leurs forces pour repousser les attaques de l'ennemi. Les puissances étrangères ne craignirent point de traiter avec un gouvernement régulier. Attaqués par les forces considérables des Autrichiens et des Sardes, les Génois reçurent des encouragements des rois de France et d'Espagne, et le 3 février quelques officiers et ingénieurs français entrèrent dans le port de Gênes, apportant quelque argent, la nouvelle des échecs des Austro-Sardes sur le Var et l'espérance de prompts secours de la part des deux rois alliés.

Louis XV ne se contenta pas d'engager ses alliés à la résistance, il fit passer des secours d'argent aux assiégés, et des galères de Toulon et de Marseille, échappant à la flotte anglaise, débarquèrent dans son port 5,000 Français. Bientôt après le duc de Boufflers, digne fils de ce maréchal que ses talents, ses vertus et son patriotisme avaient rendu célèbre sous Louis XIV, passa dans une simple barque, trompa l'amiral Medley et vint prendre le commandement des troupes qui défendaient Gênes et dont le nombre augmentait de jour en jour. Le duc rétablit l'ordre partout, organisa habilement la résistance et ranima les courages ébranlés.

Le maréchal de Belle-Isle marchait aussi au secours de Gênes. Son armée, divisée en cinq colonnes, franchit le Var au commencement de juin, s'empara de Nice, de Montalban, de Villefranche et du château de Vintimille. Un corps franco-espagnol plus nombreux, sous l'infant don Philippe et le duc de Modène, passa également le Var dans cette direction, s'avança jusqu'à Oneille, puis revint sur le fleuve. Cependant les Autrichiens, ne pouvant rien exécuter du côté de Polcevera, s'étaient tournés davantage vers Bisagno. Mais là aussi ils rencontrèrent une résistance vigoureuse préparée par les soins de Boufflers. Quelques engagements sanglants eurent lieu sur cette ligne, et les paysans rivalisèrent de courage et d'obstination avec les troupes suisses et françaises au service de Gênes. Les officiers espagnols déployèrent aussi une brillante valeur.

Un second corps commandé par Belle-Isle et la

Mina, ayant menacé la vallée de Démont, inspira des craintes au roi de Sardaigne. Il résolut de se retirer avec ses troupes pour aller défendre ses provinces. Comme l'armée autrichienne avait souffert des pertes considérables par les maladies et par une suite de petits combats qui ne décidaient rien, Schulembourg se vit hors d'état de continuer le siége. Dès les premiers jours de juillet, toutes les dispositions furent prises pour le départ; les Anglais rembarquèrent l'artillerie qu'ils avaient apportée, et dans la nuit du 5 au 6 le siége fut entièrement levé. Le duc de Boufflers ne jouit point de ce bonheur et de cette gloire : ce général, qui, par sa générosité, sa douceur, ses talents et son courage, s'était concilié l'affection des habitants, mourut de la petite vérole le jour même que les ennemis se retiraient. Louis XV rassura les Génois en leur envoyant de l'argent, des troupes et le duc de Richelieu.

Cependant les Autrichiens restaient maîtres des Apennins, et Gênes était sans cesse menacée. Le maréchal de Belle-Isle, ayant reçu des renforts, résolut d'achever sa délivrance par une diversion qui les forçât à revenir dans le Piémont. Malgré le général espagnol, et contre le gré de la cour de Versailles, il détacha 28 bataillons et 7 canons de campagne, sous le commandement du comte de Belle-Isle, son frère, avec ordre de forcer le passage par lequel on pénètre dans la vallée de Sture. Le comte prit son chemin en retournant vers le Dauphiné et atteignit le col de l'Assiette sur le chemin d'Exilles, retranchement inexpugnable pratiqué au sommet d'une montagne escarpée, bordé de hautes palissades et garni d'artillerie. C'est là que l'attendaient 18 bataillons piémontais et 3 bataillons autrichiens.

L'obstacle paraissait insurmontable; il irrita le courage d'un homme tel que le comte de Belle-Isle. Sans prendre le temps de délibérer, il s'avance avec ses braves soldats pour attaquer ce poste, à travers un feu plongeant et continu, et une grêle de grosses pierres lancées du haut des retranchements. Après des efforts inouïs, les Français arrivent aux palissades et sont repoussés avec une grande perte. Ils gravissent de nouveau, et en un moment le devant des retranchements est couvert de morts. Le carnage continue pendant deux heures entières et les Français reviennent à la charge avec la même ardeur. Le marquis de Brienne, colonel d'Artois, ayant eu un bras emporté, retourne au combat, en disant : *Il m'en reste un autre pour le service du roi ;* il est frappé à mort comme il achevait ces paroles.

Le comte de Belle-Isle, désespéré du peu de succès des attaques, s'élance lui-même aux retranchements, renverse tous les ennemis qu'il rencontre, et arbore sur les ouvrages le drapeau français ; blessé grièvement aux deux mains, en s'efforçant d'arracher les palissades, il saisit les planches entre ses dents, reçoit alors un coup mortel et tombe à côté de 4,000 morts et de 2,000 blessés. Les Piémontais n'avaient pas perdu 100 hommes (19 juillet 1747). Après la perte de leur chef, les Français se retirèrent à Briançon, et le maréchal de Belle-Isle, dont le frère venait de donner l'exemple d'une héroïque mais téméraire valeur, jugea prudent de se replier sur Nice.

Pendant ce temps, Louis XV, toujours vainqueur dans les Pays-Bas, ne cessait, en poussant ses conquêtes, d'offrir la paix à ses ennemis, et son ambassadeur à la Haye proposa aux états généraux avec lesquels il n'était pas en guerre directe, de s'en rendre les médiateurs. Des conférences furent ouvertes à Bréda ; mais les Hollandais ne pouvaient concevoir la modération du roi de France, ni la croire sincère ; et Louis XV, s'étant aperçu qu'ils n'apportaient pas la franche intention de conclure, rompit tout à coup les négociations et leur déclara la guerre (17 avril 1747). Au bruit des victoires que remportaient ses armées, une révolution, parodie de celle de 1672, éclata en Hollande, et le prince d'Orange, Guillaume IV, de la branche de Nassau-Diest, fut proclamé stathouder héréditaire, capitaine général et amiral de l'*Union*. Cette révolution, contraire aux intérêts de la France, n'exerça cependant pas une grande influence sur les opérations de la campagne; mais en revanche des succès que cette puissance obtenait sur terre, les Anglais ruinaient son commerce et anéantissaient sa marine. L'impératrice Élisabeth de Russie, sur le conseil de son chancelier Bestuschef, l'ennemi le plus implacable de Frédéric II, conclut une alliance défensive avec les états généraux et ces mêmes Anglais qui remuaient l'Europe pour susciter de nouveaux ennemis à la France (juin). Elle prenait l'engagement de mettre à la disposition de la Grande-Bretagne et de la Hollande 50 galères russes et un corps de 37,000 hommes.

Louis XV n'en poursuivit pas moins ses conquêtes. Le maréchal de Saxe prit, sous les yeux de l'armée des alliés, Hulst et Axel, et le 2 juillet il gagna, quoique sans avantage décisif, la sanglante bataille de Lawfeld. Ce succès de leurs armes ne permit cependant pas aux Français d'investir l'importante ville de Maëstricht, dont la garnison avait reçu de puissants renforts. Mais le comte de Lowendhal, que son amitié pour le maréchal de Saxe avait attaché au service de la France, et qui s'était déjà emparé d'une partie du Brabant hollandais, marcha avec 30,000 hommes contre

Berg-op-Zoom, que l'on jugeait imprenable. Cette place, qui était le chef-d'œuvre de Cohorn, avait déjà bravé tous les efforts des Français. Après deux mois et demi de siége, Lowendhal l'emporta d'assaut par la valeur la plus éclatante, au moment où les alliés et les assiégés regardaient encore cette entreprise comme une témérité (15 septembre).

La prise de Berg-op-Zoom déconcerta les alliés de Marie-Thérèse et jeta la consternation parmi les Hollandais. Ils résolurent cependant, au commencement de la campagne suivante, de faire un dernier effort pour défendre Maëstricht menacé par les Français. Le maréchal de Saxe, ayant rassemblé ses quartiers, trompa les ennemis par d'habiles manœuves, se replia sur cette ville qu'il investit avec 80,000 hommes, sans pouvoir être inquiété (13 avril 1748); il poussa le siége avec la plus grande vigueur, afin de se rendre maître de la place avant l'arrivée des Russes qui, des confins de la Livonie, accouraient au secours des alliés.

Le maréchal avait dit souvent : *La paix est dans Maëstricht.* Il ne se trompait pas. : quinze jours après l'ouverture de la tranchée, les Hollandais, menacés des plus grands désastres, et les alliés, effrayés des succès de la France, cessèrent de s'opposer à la pacification générale, et les articles préliminaires de la paix entre la France, l'Angleterre et la Hollande furent signés à Aix-la-Chapelle où des négociations étaient ouvertes. Ils stipulaient une suspension d'armes dans tous les Pays-Bas, excepté quant au siége de Maëstricht qu'il fut libre au maréchal de continuer, et qui se termina le 7 mai par la remise de cette ville aux troupes françaises. Peu de temps après, l'impératrice-reine accéda aux préliminaires convenus entre les alliés et la France. Aussitôt le duc de Richelieu fit cesser toutes les hostilités en Italie. Le roi d'Espagne et la république de Gênes suivirent l'exemple des autres puissances belligérantes.

La complication des intérêts divers prolongea les négociations jusqu'au 18 octobre suivant. Par le traité d'Aix-la-Chapelle, l'élection de l'empereur François Ier fut reconnue, et la maison d'Autriche obtint la garantie de la pragmatique sanction. Marie-Thérèse recouvra les Pays-Bas, mais elle renonça aux conquêtes qu'elle avait faites en Italie ; elle confirma la cession de la Silésie et du comté de Glatz en faveur du roi de Prusse ; elle céda les duchés de Parme, de Plaisance et de Guastalla à l'infant don Philippe, gendre du roi de France, pour lui et sa descendance mâle, sous la réserve du droit de retour pour l'Autriche en cas d'extinction de la ligne masculine ; enfin elle maintint dans les États que lui avait abandonnés le traité de Worms, le roi de Sardaigne auquel furent restitués la Savoie et le comté de Nice. Les Hollandais rentrèrent en possession de Berg-op-Zoom et de Maëstricht. Le duc de Modène, François III, fut rétabli dans son État, qu'il avait perdu pour avoir embrassé la cause de la France, et la république de Gênes réintégrée dans toutes les places et terres qu'elle possédait avant l'invasion des Autrichiens. La France, que ses succès mettaient en position d'exiger la cession d'une partie des Pays-Bas, ne stipula pour elle que la restitution du cap Breton. L'Angleterre fit confirmer par l'Espagne le traité de l'Assiento (droit d'importer des nègres), et garantir par les puissances la succession de la maison de Hanovre en Angleterre et en Allemagne.

C'est ainsi qu'après une lutte opiniâtre et meurtrière, l'Europe se trouva remise au même état qu'avant la guerre. « Depuis que l'art de la guerre s'est perfectionné, depuis que la politique a su établir une certaine balance de pouvoir entre les souverains, le sort commun des plus grandes entreprises ne produit que rarement les effets auxquels on devrait s'attendre ; des forces égales des deux côtés, et l'alternative des pertes et des succès, font qu'à la fin de la guerre la plus acharnée les ennemis se trouvent chacun à peu près dans l'état où ils étaient avant de l'entreprendre.

L'épuisement des finances produit enfin la paix, qui devrait être l'ouvrage de l'humanité, et non de la nécessité. (1) »

Un congrès devait s'ouvrir à Nice, quinze jours après la ratification de cette paix, afin de régler toutes les réclamations particulières, et spécialement l'indemnité que le duc de Modène poursuivait pour les fiefs hongrois confisqués sur lui, et pour les biens allodiaux de Guastalla qui lui revenaient d'après le droit d'héritage. Comme le congrès ne termina pas ses travaux avant la fin de l'année, l'état de guerre pesa encore de tout son poids sur l'Italie, quoique les hostilités eussent cessé sur tous les points. Enfin Marie-Thérèse parvint à ressaisir les fiefs de François déjà aliénés en Hongrie ; elle les rendit à ce duc auquel furent attribués aussi les biens allodiaux de Guastalla ; alors commença l'évacuation des cantons occupés en diverses circonstances, et alors reparurent aussi les bienfaits de la paix dont toute l'Italie jouit pendant plusieurs années.

La magnanimité de Marie-Thérèse, le zèle de ses sujets et l'appui de la Grande-Bretagne l'avaient fait triompher des ennemis conjurés contre l'existence de la maison d'Autriche ; néanmoins le traité honorable d'Aix-la-Chapelle, qui lui en-

----

(1) Frédéric II, *Hist. de mon temps.*

levait une partie de ses États, faible, il est vrai, en comparaison du démembrement dont ils avaient été menacés en 1741, fut loin de satisfaire cette princesse. Lorsque l'ambassadeur britannique, milord Keith, sollicita une audience pour la féliciter du rétablissement de la paix, elle lui fit dire que des compliments de condoléance seraient moins déplacés et qu'elle désirait éviter un entretien qui ne pourrait être que fort désagréable et pour elle et pour lui.

« Après cette paix, dit Voltaire, la France se rétablit faiblement. Alors l'Europe chrétienne se trouva partagée entre deux grands partis, qui se ménageaient l'un l'autre, et qui soutenaient chacun de leur côté cette balance, le prétexte de tant de guerres, et qui devrait assurer une éternelle paix. Les États de l'impératrice et une partie de l'Allemagne, la Russie, l'Angleterre, la Hollande, la Sardaigne composaient une de ces grandes factions. L'autre était formée par la France, l'Espagne, les Deux-Siciles, la Prusse, la Suède. Toutes les puissances restèrent armées, et on espéra un repos durable, par la crainte même que les deux moitiés de l'Europe semblaient inspirer l'une à l'autre. »

CHAPITRE III.

Soins de Marie-Thérèse pendant la paix. — Alliance intime avec la France.

Règlements et améliorations faits par Marie-Thérèse — Établissements pour la prospérité de l'industrie et du commerce. — Encouragements donnés à l'agriculture. — Réformes dans la justice. — Fondation d'institutions pour l'instruction. — Sages dispositions de l'impératrice-reine pour assurer le bonheur de ses peuples. — Réforme de l'ancienne étiquette. — Membres du conseil de Marie-Thérèse. — Influence du référendaire Bartenstein. — Contestations élevées en Amérique. — La Grande-Bretagne réclame les secours de la maison d'Autriche. — Convention entre l'Angleterre et la Prusse. — Alliance entre la France et l'Autriche. — Marie-Thérèse entraîne la Saxe et la Russie dans une ligue contre Frédéric II.

La sanglante guerre de la succession d'Autriche était à peine terminée, que Marie-Thérèse s'occupa des moyens d'en réparer les malheurs. La plupart de ses États avaient été pendant quelque temps la proie de ses ennemis, il avait fallu à force de combats les arracher de leurs mains ; les autres avaient été obligés de supporter des impôts onéreux pour fournir les sommes nécessaires à l'entretien de ses armées. Dès que le calme eut succédé à l'orage, l'impératrice-reine commença le règne de Titus, après avoir conquis, comme Henri IV, son propre héritage. Lorsqu'elle n'eut plus d'ennemis à combattre, elle ne vit plus que des sujets à rendre heureux, et elle employa à ce grand objet tous les moyens que Dieu a mis entre les mains des rois. Dans ces premiers moments de paix, elle s'oublia elle-même pour ne penser qu'à récompenser ses États héréditaires de leur fidélité. Elle diminua d'abord les impôts et en rendit ensuite la perception plus régulière et plus simple. Si l'impératrice-reine maintint ailleurs les taxes extraordinaires, ce ne fut que pour un certain nombre d'années. Elle abolit plusieurs exemptions, et ses finances, administrées avec sagesse, s'élevèrent à un degré de prospérité inconnu sous Charles VI, malgré la perte du royaume de Naples et celle de la Silésie.

Les généraux et les officiers qui avaient contribué par leurs services et par leur valeur au succès des armes de Marie-Thérèse, trouvèrent des récompenses dignes d'eux dans l'accueil favorable qu'elle leur faisait, dans les distinctions dont elle les honora et dans ses libéralités toujours distribuées avec intelligence. Les soldats blessés, vieux et infirmes, eurent des asiles dans des hôpitaux propres et salubres. Elle voulut entretenir pendant la paix le plus de troupes qu'il lui serait possible. Cette résolution fut communiquée à ses États héréditaires qui s'empressèrent d'y concourir et donnèrent alors des témoignages non équivoques d'un zèle sans bornes pour leur souveraine. Les corps de sa nombreuse armée ne furent plus uniquement répartis dans la Hongrie, d'où l'on ne pouvait les rappeler sans perdre beaucoup de temps. Les guerres précédentes lui avaient fait comprendre la nécessité d'une meilleure discipline. Elle choisit des généraux actifs, capables de l'introduire dans ses troupes, et remplaça les vieux officiers par des jeunes. Le comte de Daun, le général que la cour de Vienne opposera le plus souvent à Frédéric II, porta l'unité dans les exercices et le service. L'impératrice-reine, qui n'ignorait pas quelle influence la présence d'un monarque a sur les soldats, visitait chaque année avec son époux les camps établis pour exercer les troupes aux grandes manœuvres de la guerre; elle se plaisait à récompenser les officiers que lui recommandaient ses généraux, et excitait partout l'émulation, les talents et le désir de lui plaire.

François Ier secondait les vues de son auguste épouse. Tandis que Marie-Thérèse assurait la tranquillité des frontières de l'empire, il travaillait lui-même à prévenir la désunion dans l'intérieur. Une fausse politique avait armé les Allemands les uns contre les autres durant la dernière guerre. Dès que la paix fut arrêtée, il pressa la conclusion d'un traité d'association de tous les cercles antérieurs avec la cour de Vienne, dont le but était la sûreté de ces mêmes cercles. L'union entre les puissances de l'empire pouvait seule rétablir la tranquillité publique et la sûreté commune. François Ier s'efforçait de leur inspirer la résolution de se fournir, en cas de besoin, les secours stipulés par les anciens traités qu'il regardait comme la plus ferme base de leur conservation et de leur bonheur. Après quelques difficultés et malgré l'opposition des princes et des seigneurs peu disposés à croire au dévouement de la maison d'Autriche pour le bien général de l'Allemagne, l'association fut signée. Les États du cercle de Franconie répondirent qu'ils avaient reconnu dans le mémoire du ministre plénipotentiaire de Leurs Majestés Impériales des preuves certaines des vues paternelles de l'empereur pour le repos et la sûreté de l'Allemagne ; que les efforts de ce prince pour resserrer les liens de l'association des cercles antérieurs avait déjà fait connaître combien il

s'intéressait à la tranquillité. «Par le rétablissement
de la paix, ajoutaient-ils encore, Vos Majestés
Impériales viennent de leur assurer, ainsi qu'aux
autres États de l'empire, la satisfaction de pouvoir
espérer des soulagements aux maux qu'ils ont eus
à souffrir pendant la guerre. La reconnaissance la
plus vive ne peut suffire pour payer de pareils
bienfaits. Le cercle de Franconie persiste dans l'in-
violable résolution de s'acquitter de tout ce qu'il
doit au digne chef de l'empire et d'exécuter dans
toute leur étendue les engagements dont il a reconnu l'existence. »

Le commerce avait beaucoup souffert pendant
la guerre; il fallait lui imprimer une nouvelle vigueur. Aussi excita-t-il la vive sollicitude de la
fille de Charles VI. Les ports de Trieste et de
Fiume furent ouverts à toutes les nations, et Livourne ne tarda pas à étendre son commerce dans
le Levant et dans les Indes orientales. Les manufactures de draps, de cotons et de laines étaient
obligées de faire venir de l'étranger les matières
premières qui leur étaient nécessaires, non parce
que le pays n'en produisait pas, mais parce qu'il
manquait de fileurs. Le premier soin de l'impératrice-reine fut d'établir dans les villes et à la
campagne des écoles de filature où les enfants
étaient instruits dans l'art de filer et gagnaient un
petit salaire indépendant des prix qui étaient dis-

tribués tous les mois aux plus laborieux. On fit venir des ouvriers de France, de Hollande, de Suisse, de Saxe et d'autres pays, et l'on chargea l'exportation des matières premières d'un droit considérable qu'on éleva successivement jusqu'à ce qu'il équivalût à une prohibition.

Une première ordonnance déclara que tous ceux qui contribueraient à augmenter le débit des marchandises fabriquées dans les États héréditaires, recevraient des primes et des récompenses proportionnées à la nature et à l'importance des services qu'ils auraient rendus. Une autre suivit d'assez près cette promesse si attrayante; elle avait pour but de réprimer le luxe qui commençait à devenir ruineux, et de faire valoir les nombreuses fabriques de l'Autriche. Cette loi somptuaire proscrivait les galons, les dentelles d'or ou d'argent, et les marchandises, de quelque espèce qu'elles fussent, dans lesquelles il se trouverait de l'or et de l'argent venant des pays étrangers. Elle permettait cependant l'usage du galon, pourvu que l'on justifiât qu'il avait été fabriqué dans les pays héréditaires. Peu de temps après la publication des édits qui concernaient l'établissement des manufactures et la protection qui leur était accordée, on vit une foule de particuliers se présenter afin d'obtenir des priviléges. Dans les vastes faubourgs de Vienne, agrandie et embellie, on vit s'élever de nombreuses manufactures de draps, de porcelaine, de glaces, d'étoffes de soie. L'émulation, qui fut toujours la mère des succès, les porta bientôt au plus haut point de perfection.

Les ordres les plus précis furent donnés pour encourager les cultivateurs du lin et du chanvre, dans l'intention de faciliter et d'augmenter la fabrique des toiles. L'œil vigilant de l'impératrice-reine ne dédaignait pas de se porter du haut du trône sur ces objets qui paraissent petits, mais dont la sage économie du gouvernement accroît l'importance. Cette princesse, à qui rien ne paraissait au-dessous d'elle, lorsqu'il s'agissait du bonheur public, se faisait rendre un compte exact des progrès des manufactures de toile, de coton et de bazin, de ses établissements pour la fabrique des cuirs de Russie, enfin du produit des mines de Hongrie dont elle prenait un soin particulier. C'est par cette vigilance qu'elle perfectionna en peu de temps toutes les maisons industrielles de ses États et qu'elle enrichit ses sujets.

Plus tard, Marie-Thérèse créa le conseil aulique de commerce immédiatement soumis au gouvernement (1752); et elle y joignit une caisse particulière à laquelle elle assigna des revenus considérables. Tous ceux qui voulaient faire quelque entreprise pouvaient en recevoir des avances.

de 10 à 100,000 florins, pourvu qu'ils pussent fournir une garantie probable du remboursement. Douze à treize conseils de commerce, établis dans les villes les plus importantes, furent subordonnés à ce conseil général, et à chacun fut assignée une caisse particulière. Le conseil aulique de commerce fut autorisé à nommer dix-huit consuls en Espagne, en Portugal, en France, en Italie et au Levant. Il établit aussi à Vienne une académie de gravure, une académie de dessin, une école de gravure en métal et en pierre fine, et une école de commerce. L'impératrice créa encore diverses sociétés de commerce pour les branches particulières du négoce, telles que la société de Fiume pour les raffineries de sucre, celle des toiles de la Bohême, et celle de l'Égypte dont le principal comptoir était à Smyrne (1).

Elle encouragea également le commerce des vins. Les Hongrois purent transporter leurs vins chez l'étranger, à la charge d'un léger impôt sur ceux qui passeraient par l'archiduché d'Autriche. Le port d'Ostende reçut des navires chargés des productions de leur pays. Par un juste retour, les sujets de Marie-Thérèse s'efforçaient de lui témoigner leur attachement et leur fidélité. Ainsi, au mois d'octobre 1748, les États du royaume de

---

(1) Schœll, *Cours d'histoire des États européens.*

Hongrie lui exprimèrent leur ardent désir que l'archiduc Joseph y établît sa résidence, afin de jouir de la présence d'un prince si cher à leur souveraine et au royaume lui-même. Flattée de l'amour que les Hongrois concevaient pour son fils, l'impératrice-reine leur promit qu'à sa majorité il se rendrait à Offen, la demeure ordinaire de leurs anciens rois. Sur cette assurance, les États résolurent d'y faire construire un magnifique palais aux dépens de la nation.

Pour se conformer aux vues politiques de leur reine, les États de Hongrie s'occupèrent encore de prendre des mesures certaines afin de mettre le royaume dans une situation florissante. Ils pensèrent d'abord à rétablir les forteresses voisines de l'empire ottoman. Si quelqu'une de ces révolutions auxquelles cet empire était souvent exposé, venait à changer le système politique de la Porte, le peuple hongrois trouverait ainsi les moyens de pourvoir par lui-même à sa sûreté. Les Turcs n'inspiraient alors aucune crainte, mais l'expérience du passé rendait ces précautions nécessaires.

Des actes de clémence signalèrent le commencement de l'année 1749. Attentive à ranimer dans ses États héréditaires l'agriculture, négligée au milieu des désastres de la guerre, Marie-Thérèse accorda une amnistie générale aux déserteurs de ses troupes, à condition qu'ils reviendraient dans un temps fixé; elle permit même à ceux qui voudraient quitter le service militaire, pour se livrer à la culture des terres, d'acheter leurs congés. Pour le perfectionnement de l'agriculture, que l'impératrice regardait comme la source la plus féconde de la prospérité d'un État, et pour l'encouragement de la production des matières premières dont l'industrie a besoin, on créa, aux frais de la caisse du commerce, dans onze chefs-lieux, des sociétés d'agriculture chargées de la distribution de prix considérables. Par ce moyen, la culture de la garance et de la gaude fut introduite et poussée au point que ces produits devinrent un objet d'exportation. On éleva des vers à soie en grand nombre dans la Croatie, la Dalmatie, l'Istrie, le Frioul et le Tyrol. Enfin des béliers achetés dans la Barbarie et l'Anatolie améliorèrent les races de brebis.

A peine l'édit d'amnistie eut-il été publié, qu'on vit revenir dans les États héréditaires un grand nombre de fugitifs, dont les uns reprirent les armes pour le service de leur souveraine, et les autres rentrèrent dans leurs foyers et se livrèrent aux travaux des champs. Peu de temps après, l'impératrice supprima la peine de mort à laquelle on condamnait les déserteurs et elle ordonna que, dans la suite, les soldats coupables du crime de désertion seraient condamnés pour toute leur vie aux travaux publics des grands chemins et des fortifications. Par là, elle rendait utiles à l'État des malheureux dont le supplice, auparavant trop cruel, enlevait à la patrie des hommes qui pouvaient encore la servir.

De graves abus s'étaient introduits dans l'administration de la justice, qui était confiée aux mêmes tribunaux que la police. On les sépara, et les chancelleries provinciales furent remplacées par un tribunal suprême qui jugea en dernier ressort toutes les causes des États autrichiens, excepté celles de la Hongrie, royaume où le souverain ne pouvait faire aucun changement que du consentement de la diète. Sachant combien il importe aux peuples d'avoir non seulement des juges intègres, mais encore de n'être pas ruinés par les longueurs des procédures, Marie-Thérèse voulut que toutes les cours de judicature se conformassent à son règlement qui ordonnait la décision des procès dans le cours d'une année, à l'instar de ce qui se pratiquait depuis quelque temps en Bohême.

Aucun souverain n'a porté sur l'instruction publique des vues plus sages que l'impératrice, et n'a créé autant d'établissements pour l'étude des lettres et des sciences. Elle avait fondé en 1746, près de Vienne, le *Thercsianum*, ou académie mi-

litaire ouverte à la jeune noblesse qui voulait
s'instruire dans tous les arts qui ont rapport à la
guerre. Elle y attira d'habiles professeurs de géo-
métrie, de fortifications et d'histoire, et les chargea de former des sujets capables. Le collége thé-
résien devint bientôt par leurs soins une pépinière
féconde d'officiers pour l'armée. Quelques années
plus tard, elle fonda une autre académie militaire
à Vienne la Neuve-Ville, un observatoire et une
institution pour l'éducation des enfants nobles à
Tyrnau, et l'académie orientale de Vienne. De ce
dernier établissement sortirent de savants philo-
logues et de nombreux historiens.

Sous les auspices de cette princesse s'ouvrit
aussi une espèce de séminaire où ceux qui se
destinaient à exercer l'honorable profession de
maîtres d'école dans les campagnes, étaient obligés d'aller apprendre eux-mêmes ce qu'ils devaient enseigner aux paysans, tant sur les connaissances civiles et économiques que morales et
religieuses. Personne ne pouvait tenir une école
inférieure sans avoir passé dans ce séminaire le
temps prescrit, et sans avoir obtenu des supérieurs les attestations de capacité suffisante. Des
observatoires magnifiques s'élevèrent encore à
Vienne et à Gratz, et furent enrichis de télescopes
qui découvraient le secret des cieux aux Hell,
aux Boscovich, aux Halley. Les arts furent étudiés

dans des écoles de peinture et d'architecture, et
des bibliothèques publiques, formées à Prague et
à Inspruck. Enfin Marie-Thérèse, persuadée que la
plupart des maux qui affligent les sociétés sont des
enfants de l'ignorance, voulait que ses sujets
fussent instruits ; elle comprenait que les sacrifices
et les efforts tentés en faveur des sciences et des
arts étaient nécessaires non seulement à la gloire
des gouvernements, mais encore au bien-être
matériel des peuples.

  Les années qui s'écoulent depuis la paix d'Aix-
la-Chapelle jusqu'à la guerre de Sept ans ne nous
offrent point de ces grands évènements dont l'é-
clat satisfait la curiosité, mais elles sont les plus
glorieuses de cette auguste reine. La pensée s'arrête avec complaisance sur cette sage législatrice
dont l'unique soin est de travailler au bonheur de
ses États et de mettre l'accord le plus parfait entre
toutes les parties du gouvernement. Tout se fait
avec une prudence admirable ; les ministres ne
sont que des causes secondes, leurs opérations
reçoivent leur caractère de celui du chef de l'État.
Toujours à la tête de son conseil, Marie-Thérèse
guide elle-même les vues des hommes qui le com-
posent, leur montre le plus grand bien et leur in-
dique les moyens de l'accomplir ; elle veille avec
la même sollicitude aux besoins particuliers et à
la conduite générale des affaires. On la voit aussi

quitter quelquefois sa capitale et visiter ses provinces, afin de répandre sur ses peuples les grâces
et les récompenses que leur destinait sa main
bienfaisante. Elle trouve le délassement des
soins du gouvernement auprès de son époux,
qui, de son côté, s'efforce de maintenir la paix
entre les princes de l'empire, ou au milieu de
ses enfants dont elle surveillait l'éducation avec
un soin particulier, pour leur inspirer ses sentiments généreux et leur transmettre ses vertus
royales.

Tout devient intéressant dans l'histoire des
bons rois; leurs moindres actions portent l'empreinte de leur caractère et servent à les faire
connaître. La cour de Vienne était depuis longtemps la plus brillante de l'Europe par le grand
nombre de princes et de seigneurs qui la composaient et la magnificence qu'on y déployait. Les
cérémonies et l'étiquette lui donnaient cependant
un air de contrainte qui en diminuait tous les
agréments. Ces anciens usages fatiguaient l'empereur et son épouse; leur affabilité cherchait à
rompre ces chaînes qui n'étaient pas de leur goût.
On n'osait cependant y toucher, et l'étiquette était
comme une ancienne idole que l'on révérait tout
en la détestant. Enfin, au commencement de 1751,
François et Marie-Thérèse effectuèrent la résolution qu'ils avaient prise de réformer cette gêne

accablante, et ils convinrent d'admettre deux fois par semaine à leur table vingt-quatre personnes des principaux seigneurs et quelques-unes des dames les plus qualifiées de la cour. En bannissant cette morgue qui, sans rendre le trône plus respectable, ne sert qu'à le rendre plus odieux, l'impératrice rompait encore la barrière que les courtisans savent élever entre le monarque et ses sujets. Jamais cette impératrice ne refusa d'audience, et jamais on n'en sortit mécontent d'elle. Sans autre garde que le cœur de ses sujets, elle se rendait accessible aux petits comme aux grands. « Je ne suis qu'un gueux de paysan, disait un pauvre laboureur de la Bohême, mais je parlerai à notre bonne reine quand je voudrai, et elle m'écoutera comme si j'étais un monseigneur. »

Au mois d'avril de cette année, Marie-Thérèse voulut signaler l'heureuse naissance de l'archiduchesse Joséphine; pour cela, elle ne donna pas au peuple une de ces fêtes somptueuses dont les dépenses inutiles ne sont prises le plus ordinairement que sur les impots qu'il paie, et dont le souvenir ne dure guère plus que le temps qui est employé à les voir; mais elle rendit cet évènement à jamais mémorable par un acte de clémence digne de son cœur : elle ordonna de rendre à la liberté tous les déserteurs de ses troupes qui étaient condamnés aux travaux des fortifications, et elle leur accorda la grâce entière en les rétablissant dans son service.

François Ier avait l'âme aussi généreuse, aussi compatissante que Marie-Thérèse. Le 15 décembre 1752, le feu prit à Vienne au magasin du salpêtre, et l'incendie exerça de tels ravages dans les environs, qu'il fallut employer plus de quatre cents personnes pour enlever les décombres des bâtiments endommagés. Dès que l'empereur fut informé de cet accident, qui avait causé tant d'effroi, il se transporta sur le lieu du sinistre et contribua beaucoup à faire arrêter les progrès des flammes. Comme il s'avançait pour donner des ordres partout où le danger était le plus grand et pour exciter par sa présence et par ses bienfaits le zèle et l'activité des ouvriers, un seigneur, qui l'accompagnait, lui représenta qu'il s'exposait trop. L'empereur lui répondit : « Ce n'est pas pour moi qu'il faut craindre, mais pour ces pauvres gens qu'on aura bien de la peine à sauver. » En effet, malgré tous les efforts, plusieurs ouvriers d'artillerie périrent dans cet effroyable incendie.

L'ardeur infatigable avec laquelle l'impératrice-reine travaillait aux réformes et aux établissements qu'elle avait d'abord jugés les plus nécessaires, lui permirent de jouir promptement du fruit de ses soins et de ses fatigues. Ce fut sa plus douce récompense, ce fut celle de quelques-uns des hommes qui l'assistaient dans le gouvernement de ses États. A l'époque de la conclusion du traité d'Aix-la-Chapelle, son conseil de conférence n'était pas, sous le rapport des talents de ses membres, aussi bien composé qu'à l'époque où elle était montée sur le trône. A la mort du comte de Sinzendorf, en 1742, l'opinion publique destinait la place de chancelier au comte de Harrach, ministre des affaires étrangères ; mais le référendaire Bartenstein, qui avait gagné la confiance de la reine par la facilité de son travail, par la manière claire et élégante avec laquelle il s'énonçait et par son attachement pour la gloire de la maison d'Autriche, lui représenta adroitement que les talents et le crédit de ce seigneur lui donneraient dans le conseil d'État plus d'ascendant qu'il ne convenait à un sujet. Sinzendorf eut donc pour successeur le comte d'Uhlfeld, homme de bien, mais de peu de moyens. Son jugement était faux, ses idées étaient confuses, et il s'exprimait avec difficulté. Esprit borné, il aimait le mystère et était pointilleux, chicaneur et soupçonneux. Le dérangement de sa fortune, suite de son faste et de son ostentation, enlevait à son caractère toute indépendance. Impérieux envers tout le monde, il se montrait humble et soumis envers le référendaire, qui le gouvernait entièrement.

Les comtes de Colloredo, de Khevenhuller

et de Bathiani , membres du conseil , mais sans aucune influence, ou fléchirent devant Bartenstein ou manquèrent de l'énergie et des talents nécessaires pour le renverser. Rodolphe-Joseph, comte, ensuite prince de Colloredo, avait un esprit noble et élevé , beaucoup de franchise et de générosité dans le caractère ; par malheur il était opiniâtre et peu capable. Trop fier pour dissimuler ses sentiments, il formait une opposition ouverte mais impuissante contre le référendaire. Ministre de l'empereur, comme vice-chancelier de l'empire, il inspirait peu de confiance à Marie-Thérèse.

Jean-Joseph, comte de Khevenhuller, grand chambellan de la cour, n'apportait pas aux affaires une connaissance assez profonde, et personne ne paraissait plus dévoué que lui aux intérêts de Bartenstein.

Le feld-maréchal Bathiani, l'un des premiers magnats de Hongrie, gouverneur de l'archiduc Joseph, entendait mieux la guerre que la politique.

Quoiqu'elle fût bien déterminée à ne pas se laisser gouverner et qu'elle eût beaucoup de résolution, l'impératrice-reine, convaincue du sentiment de son inexpérience, consultait beaucoup et employait tous les moyens pour se faire une opinion juste sur tout objet important. Elle ne dé-

cidait qu'après avoir examiné, tâché de s'instruire
et rectifié son jugement. Par le même motif, non
seulement elle délibérait avec l'empereur et les
membres du conseil, mais elle écoutait encore
avec patience les explications des ministres étrangers et prenait souvent l'avis de plusieurs de ses
sujets dont les lumières et l'honnêteté lui étaient
connues. Parmi ces conseillers, il faut citer le baron de Wasner, qui avait été longtemps ambassadeur d'Autriche à la cour de Londres, et très-
versé dans la connaissance de la politique des
puissances européennes. Doué d'une rare pénétration d'esprit et d'une grande capacité, antago-
niste déclaré de l'orgueilleux référendaire, dont il
excitait la jalousie, Wasner ne cessait d'exhorter
sa souveraine à ne pas abandonner le système des
puissances maritimes, tandis que Bartenstein
s'efforçait de lui persuader que l'alliance avec la
France lui procurerait la restitution de la Silésie.

Lasse à la fin de la pétulance et de la présomp-
tion de Bartenstein, et reconnaissant la faiblesse
et l'incapacité de son conseil, Marie-Thérèse résolut de charger du soin des affaires un homme
que la naissance, réunie à la probité et aux talents
éprouvés, pourrait investir d'une autorité incontestable. Elle fixa donc son choix sur le comte de
Kaunitz, qui était alors son ambassadeur auprès
du roi de France.

Antoine Wenceslas, comte et plus tard prince de Kaunitz-Rietberg, d'une ancienne famille de la Moravie, était né en 1711. Son père, Maximilien-Ulric, gouverneur de Moravie et ambassadeur à Rome, lui fit donner sous ses yeux une excellente éducation et l'envoya ensuite achever ses études à l'université de Leipsick, où ses progrès dans la science de la politique attirèrent sur lui l'attention. Après avoir visité différentes cours d'Allemagne et voyagé en France et en Italie, il fut nommé chambellan de l'empereur Charles VI, créé membre du conseil aulique et du conseil d'État. Envoyé en ambassade près de la cour de Turin, il adressa au comte d'Uhlfeld sa première dépêche conçue en termes si clairs et si précis, et d'une manière si supérieure, que l'honnête chancelier, en la présentant à Marie-Thérèse, lui dit : « Madame, voilà ce qui vient de votre premier ministre. » En 1744, il quitta Turin pour se rendre à Bruxelles où il eut la direction principale des affaires, dans les Pays-Bas, sous l'archiduchesse Marie-Anne et le prince Charles de Lorraine. Quatre ans plus tard, il déploya ses talents et sa rare habileté comme ambassadeur et plénipotentiaire au congrès d'Aix-la-Chapelle.

Le comte de Kaunitz revint à Vienne peu de temps après la conclusion du traité définitif. L'impératrice et son époux en firent leur conseiller

secret, et plus d'une fois il corrigea les instructions
que Bartenstein adressait aux envoyés, et se conduisit avec tant de discrétion, qu'il n'excita point
les soupçons du tout-puissant référendaire. Au
mois de septembre 1751, il remplaça le marquis
de Stainville dans l'ambassade à la cour de Versailles. Enfin l'impératrice-reine, ne pouvant plus
supporter l'arrogance de Bartenstein, appela Kaunitz (1753), le nomma chancelier des affaires
étrangères et premier ministre d'État pour les
affaires intérieures. On paya les dettes du comte
d'Uhlfeld, et on lui donna la place de grand-
maître des cérémonies. Quant à Bartenstein, il
reçut la charge de vice-chancelier de Bohême et
le titre de conseiller intime.

Le nouveau ministre était âgé de quarante-deux
ans lorsque sa souveraine le chargea de la direction suprême des affaires. Sa taille était haute et
déliée, mais assez bien prise. Sa physionomie,
sans être animée, annonçait beaucoup de sens et
de sagacité. Il avait des traits réguliers, un regard
vif et pénétrant. Aussi frivole dans ses goûts que
profond dans les affaires, il montrait trop de re-
cherche dans ses vêtements, et sa politesse était
affectée et froide. Dans son extérieur plein de noblesse on démêlait trop de prétention. Jamais ministre ne déploya une connaissance aussi exacte
et aussi profonde de la situation politique de l'Eu-

rope et plus de zèle pour les intérêts de sa souveraine. Négociateur habile, il possédait le rare talent de présenter avec clarté les affaires les plus compliquées. La probité et la discrétion formaient le fond de son caractère. Comme il n'avait point de confident ni même d'ami particulier, ses secrets étaient impénétrables. Sa franchise naturelle et bien connue devint quelquefois un masque sous lequel, dans les négociations importantes, il cachait une dissimulation profonde. Il poussait l'amour-propre à l'excès, et le sentiment de sa supériorité le rendait vain, opiniâtre et impérieux.

Lorsque Kaunitz prit en main le timon des affaires, la situation politique de la maison d'Autriche avait subi un notable changement par les progrès rapides de la maison de Brandebourg, sous Frédéric II, et par les contestations qui venaient de s'élever entre les cours de Vienne et de Londres. Ces contestations, ainsi que nous le verrons bientôt, devaient rendre la séparation inévitable.

Tandis que l'Allemagne jouissait des douceurs de la paix et que les États héréditaires de l'impératrice-reine goûtaient le bonheur de vivre sous ses lois, un nouveau bruit de guerre se fit entendre et alarma les peuples. Depuis la paix d'Aix-la-Chapelle, sous l'apparence d'un calme profond, presque toutes les cours de l'Europe avaient été dans une agitation continuelle. Les unes s'étaient disposées à l'attaque, les autres à la défense. Instruite par le passé de ce qu'elle pouvait avoir à craindre pour l'avenir, Marie-Thérèse avait profité des années de paix et mis la Bohême en état de résister aux agressions de ses ennemis. La vue des armées d'un voisin entreprenant, cantonnées sur ses frontières et prêtes à se rassembler au premier signal, l'avait empêchée de licencier les siennes, et elle s'était occupée à les tenir en haleine jusqu'au moment où elle en aurait besoin.

Enfin les hostilités éclatèrent. La première étincelle de la guerre de 1741 s'était allumée en Allemagne et avait passé les mers. Celle-ci, allumée au delà des mers, embrasa bientôt toute l'Allemagne. Au mois de juin 1755, pendant que Georges II assurait le parlement de ses dispositions pacifiques, le ministère anglais lançait ses corsaires sur toutes les mers pour surprendre les marchands français qui naviguaient tranquillement sur la foi des traités. En quelques semaines, sans déclaration préalable, trois cents bâtiments de commerce furent capturés, et cet acte de piraterie odieuse enleva 12,000 de ses meilleurs marins et 100,000,000 à la France. Devenue florissance par les soins de Machault, la marine de cette puissance avait excité la jalousie de l'Angleterre qui avait résolu de la ruiner et de s'emparer des

colonies de sa rivale. Il fallait cependant un prétexte de rupture; les Anglais en trouvèrent un.
Les traités d'Utrecht et d'Aix-la-Chapelle leur
avaient cédé l'Acadie ou la presqu'île de la Nou-
velle-Écosse, *conformément à ses anciennes limites*.
Mais quelles étaient ces anciennes limites ? C'est
ce que ces traités solennels avaient oublié de dé-
terminer. La nature semblait, du reste, les avoir
fixées elle-même ; mais les Anglais prétendirent
les étendre jusque sur le Saint-Laurent, afin de
s'emparer de la navigation du fleuve et de cerner
le Canada. Des conférences ouvertes à Paris pour
arranger ce différend et plusieurs autres relatifs
aux colonies des deux nations, traînaient en longueur depuis quelques années, lorsque les Anglais, alarmés de la résurrection de la marine française, rompirent les négociations en commençant
les hostilités.

Indigné de cette injuste agression, le gouvernement français envoya demander à l'Angleterre
réparation de ses *pirateries*, et, sur son refus, il lui
déclara la guerre. Il était de la politique de la
Grande-Bretagne d'entraîner la France dans une
guerre continentale, afin de la distraire de la défense de ses colonies, comme il était de l'intérêt
de cette dernière puissance d'éviter cette guerre
et de se borner à des opérations maritimes. Mais
le gouvernement français ne résista point à la ten-

tation d'envahir le Hanovre, seul point du continent où l'on pût atteindre Georges II, et se hâta d'entamer à cet égard des négociations avec le roi de Prusse, son ancien allié.

Dès le premier indice des projets de la France sur le Hanovre, Georges II sollicita Marie-Thérèse de protéger son électorat et de lui accorder les secours stipulés dans leurs traités précédents. Mais cette princesse, que le comte de Kaunitz disposait depuis longtemps à une étroite alliance avec la France, ne se montra point empressée de répondre aux demandes du roi. Depuis longtemps des motifs de mécontentement relâchaient les liens qui existaient entre elle et le cabinet britannique. Elle était indignée du peu de délicatesse avec laquelle la Grande-Bretagne rappelait les services qu'elle lui avait rendus, des prétentions qu'elle y fondait et du style insolent des folliculaires anglais qui parlaient avec emphrase de la générosité qu'avait déployée leur nation envers l'héritière de la maison de Habsbourg. Ces déclarations hautaines humiliaient l'impératrice-reine ; elles lui étaient d'autant plus odieuses, que, dans son opinion, Georges II n'avait pas rempli ses engagements dans toute leur étendue. Elle ne pouvait pardonner au cabinet anglais de l'avoir forcée à céder la Silésie. Le souvenir de cette perte lui arrachait souvent des larmes, et avec cette persévérance des princes autrichiens qui a fondé la grandeur de leur maison, la fille de Charles VI n'avait d'autre pensée que de reprendre cette province et d'abaisser la Prusse, dont le rapide accroissement lui semblait propre à détruire l'équilibre en Allemagne. Des représentations de l'Angleterre adressées à la cour de Vienne au sujet de quelques infractions faites au traité de la Barrière, la signature des préliminaires de la paix d'Aix-la-Chapelle sans la participation de l'Autriche, concoururent encore au changement du système politique de l'Autriche.

En cet état de choses, l'Angleterre pressa vivement Marie-Thérèse de remplir les obligations que lui imposaient les traités et de spécifier le nombre de troupes qu'elle pourrait envoyer à la défense du Hanovre et des Pays-Bas, s'ils étaient attaqués par les rois de France et de Prusse. L'impératrice-reine éluda ces demandes sous prétexte qu'elle était menacée d'une invasion de la part de son implacable ennemi Frédéric II, si elle envoyait ses troupes dans la basse Allemagne. Georges II, voyant qu'il ne devait espérer du cabinet de Vienne aucun secours effectif, se tourna vers le roi de Prusse depuis longtemps choqué du ton de supériorité que la cour de Versailles affectait à son égard, et instruit de toutes les intrigues de Kaunitz. Il craignait aussi d'avoir à combattre seul les forces de la Russie et de l'Autriche. Il fut bientôt d'accord avec le monarque anglais, et ces deux souverains conclurent le traité de Westminster, qui avait pour but de protéger le Hanovre et d'empêcher l'entrée de troupes étrangères en Allemagne (16 janvier 1756.)

Louis XV venait d'envoyer le duc de Nivernois à Berlin pour renouveler l'ancien traité d'alliance entre la Prusse et la France. Averti de ses engagements avec l'Angleterre, il montra moins de répugnance pour traiter avec l'Autriche. Tout semblait favoriser l'exécution du projet de Marie-Thérèse et de Kaunitz. La marquise de Pompadour, alors toute-puissante à la cour, et dont un billet flatteur de l'impératrice avait flatté la vanité, remplaça insensiblement par ses créatures les ministres contraires à la maison d'Autriche. Fidèle aux instructions de Kaunitz, le comte de Staremberg, ambassadeur de cette puissance, et le cardinal de Bernis eurent plusieurs conférences dans lesquelles ils convinrent d'une union intime entre les cours de Versailles et de Vienne. François Ier ignorait les négociations conduites avec un mystère impénétrable par les soins de Kaunitz. A la première proposition d'une alliance avec la France, émise dans le conseil par le comte, il s'écria : « Une telle alliance est contre nature, elle n'aura point lieu. » Mais l'impératrice lui arracha son consentement, et le 1er mai 1756 fut signé le *traité de Versailles*, par lequel l'Autriche et la France promettaient de s'aider mutuellement contre leurs ennemis d'un secours de 24,000 hommes.

Dans ce traité, vraiment extraordinaire, dit Heeren, l'Autriche stipula en sa faveur tous les avantages qui pouvaient survenir, et n'en concéda aucun à la France, à moins que l'on ne compte pour beaucoup l'honneur auquel elle lui permit de prétendre, celui de concourir au renversement de son ennemi et de partager ensuite avec elle la domination de l'Europe ; du reste, la grande faute de la France en cette occasion ne fut pas tant de souscrire à un traité dans lequel on ne lui laissait que les charges, que de consentir à donner un démenti public au rôle politique qu'elle avait adopté jusqu'à ce jour. Depuis plus de deux siècles, adversaire constante de l'Autriche, la France avait tenu le rang le plus élevé parmi les puissances continentales ; il semblait impossible qu'elle s'y maintînt en se faisant aussi officieusement l'auxiliaire de sa rivale (1).

Malgré tous les avantages que Marie-Thérèse espérait de cette alliance, la rupture avec les puissances maritimes causa une impression profonde à sa cour et dans la capitale. On l'accusa d'ingrati-

---

(1) Heeren, *Manuel de l'hist. mod.*, t. 1

tude envers l'Angleterre, avec laquelle l'Autriche, depuis soixante-dix ans, avait été dans les rapports de l'amitié la plus étroite, et qui avait sacrifié ses trésors pour la sauver de la domination française. Quelques-uns de ses ministres en conçurent un vif déplaisir et gardèrent un morne silence. Le prince de Colloredo et le confesseur même de François Ier osèrent s'élever avec force contre une union intime entre deux puissances ennemies depuis trois siècles. L'aînée des archiduchesses fit, dit-on, à plusieurs reprises, des représentations à sa mère. Excité par le feld-maréchal Bathiani, son gouverneur, l'archiduc Joseph lui demanda si elle se croyait en sûreté en accordant sa confiance à la France, qui l'avait si souvent trompée. Le jeune prince réprimandé réitéra néanmoins sa question plusieurs fois, et il supplia l'impératrice de ne pas abandonner la Grande-Bretagne, dont elle avait reçu des services si importants. L'ambassadeur anglais s'étant écrié dans son étonnement : « Vous impératrice, vous archiduchesse, vous abaisser au point de vous jeter entre les bras de la France ! — Je ne veux pas, répondit Marie-Thérèse avec vivacité, me jeter dans les bras, mais du côté de la France. »

Fière de l'alliance qu'elle venait de contracter, l'impératrice-reine se flattait de voir accomplir bientôt ses desseins contre le formidable ennemi qui lui avait enlevé la Silésie. Ses espérances paraissaient d'autant plus fondées que la France, dont les établissements en Amérique n'avaient pas souffert l'année précédente des attaques des Anglais, faisait d'immenses préparatifs pour opérer une descente sur les côtes de la Grande-Bretagne. Le cabinet de Londres demanda alors aux Provinces-Unies le contingent de 6,000 hommes, fixé par les anciens traités. Mais les états généraux, intimidés par une déclaration menaçante de Louis XV, lui refusèrent ce secours et se prononcèrent pour la neutralité.

En même temps, trois cents bâtiments de transport portant 35,000 hommes et escortés par dix-sept vaisseaux de guerre, sortirent du port de Toulon, sous les ordres du maréchal de Richelieu. Georges II, croyant ses rivages menacés, avait fait venir des troupes hanovriennes et hessoises pour les défendre. Mais l'expédition française était dirigée contre Minorque, où elle aborda. Trois jours après elle occupa Port-Mahon et investit le fort Saint-Philippe regardé jusqu'alors comme inexpugnable, car les Anglais en avaient fait un autre Gibraltar. L'amiral Byng, envoyé avec une flotte de dix-sept vaisseaux dans la Méditerranée, arriva au secours de la place. Il fut repoussé par l'escadre du marquis de la Galissonnière et échoua dans tous ses efforts. Un assaut plus audacieux encore que n'avait été celui de Berg-op-Zoom, emporta le fort Saint-Philippe (28 juin). L'orgueil britannique, vivement blessé de l'échec de Byng, sacrifia le malheureux amiral aux préjugés violents de la nation, qui ne pouvait s'imaginer que sans trahison une flotte anglaise eût pu être battue par une escadre française. Rappelé à Londres et traduit devant une cour martiale, Byng fut condamné à mort et fortement recommandé par ses juges à la clémence du roi qui laissa exécuter la sentence.

Marie-Thérèse, encouragée par ces brillants débuts de sa nouvelle alliée, ne se contenta pas de l'alliance de la France; elle rechercha encore celle de la Russie et de la Saxe, afin de former contre Frédéric II une lutte aussi puissante que celle qui avait menacé l'existence de la maison de Habsbourg à la mort de Charles VI. Vassal de l'Autriche pour son électorat, et de la Russie pour son royaume, Auguste III ne voyait pas sans crainte la Saxe convoitée par le roi de Prusse, son voisin, et voulait rendre la Pologne héréditaire dans sa famille. Il prêta donc une oreille facile aux prières de son épouse Marie-Josèphe, parente de l'impératrice, et aux conseils du comte de Bruhl, son premier ministre, qu'avaient offensé les sarcasmes de Frédéric II, et donna son adhésion à l'alliance de Marie-Thérèse, mais seulement comme électeur, car la czarine lui avait interdit de mêler son royaume aux affaires de la Germanie.

La seconde fille de Pierre Ier, Élisabeth, avait été portée au trône de Russie par une réaction nationale contre les étrangers. Ce fut principalement à gagner cette princesse que s'attacha l'impératrice-reine. Mais quoiqu'elle fût liée avec elle par d'anciens traités et par l'intérêt commun qui les unissait contre l'empire ottoman, Élisabeth refusait d'entrer dans la ligue formée contre le roi de Prusse, que cependant elle détestait. Sa douceur naturelle, sa timidité, ses scrupules lui tenaient lieu, en cette occasion, d'une sage politique. Les instances du comte de Bruhl, celles de la vieille noblesse russe, avide d'augmenter son influence politique et sa renommée militaire, le crédit du ministre Bestuscheff, alors tout-puissant, et surtout la persuasion que sa personne et ses mœurs étaient l'objet des outrageantes railleries de Frédéric II, triomphèrent de sa résistance. Elle consentit à rompre le traité de subsides qu'elle avait conclu récemment avec l'Angleterre et promit un secours de 60,000 hommes à la confédération.

Pendant que les Russes se réunissaient sur les frontières de la Livonie, Marie-Thérèse rassembla deux armées nombreuses aux environs de Konigsgratz et de Prague. Alarmé de ces préparatifs et informé de l'alliance qui existait entre les cours de Vienne, de Saint-Pétersbourg et de Dresde, le roi de Prusse fit demander à l'impératrice-reine l'explication des armements qui se faisaient en Autriche, et une déclaration positive de ses intentions. « Dans l'état critique où sont les affaires de l'Europe, lui répondit cette princesse, je juge nécessaire de prendre, pour ma propre sûreté, et pour celle de mes alliés, des mesures qui n'ont point pour objet de nuire à personne. » Le roi, peu satisfait d'une réponse si vague, déclara qu'il avait connaissance d'un projet formé contre lui par les cours de Dresde et de Saint-Pétersbourg, et exigea de Sa Majesté Impériale une assurance positive que son intention n'était point de l'attaquer, ni cette année ni la suivante; et que les préparatifs qui se faisaient en Bohême ne regardaient pas la Silésie.

L'impératrice-reine répondit à Frédéric avec la même hauteur que le traité avec la czarine était purement défensif, qu'elle n'avait point conclu d'alliance offensive; qu'elle n'avait fait de préparatifs en Bohême qu'après avoir vu le roi de Prusse en faire dans la Silésie; qu'elle ne prétendait pas se lier les mains par la promesse de ne point l'attaquer, ni cette année ni la suivante; qu'elle agirait selon que les évènements l'exigeraient, et que le traité d'Aix-la-Chapelle devait suffire pour calmer les alarmes de la cour de Berlin.

CHAPITRE IV.

Guerre de Sept ans.

Le roi de Prusse envahit la Saxe. — Il entre à Dresde. — Blocus des troupes saxonnes dans leur camp de Pirna. — Bataille de Lowositz. — Auguste III se retire en Pologne. — Grande confédération formée contre le roi de Prusse. — L'Allemagne se divise en deux parties hostiles. — Frédéric entre dans la Bohême. — Bataille de Prague. — Blocus de cette place. — Bataille de Kolin. — Distinctions accordées au maréchal Daun par François Ier et Marie-Thérèse. — Création de l'ordre militaire du Mérite. — Capitulation du duc de Cumberland à Closterseven. — Situation presque désespérée du roi de Prusse. — Bataille de Rosbach. — Frédéric II vainqueur des Autrichiens à Lissa. — Opérations du prince Ferdinand de Brunswick contre les Français. — Succès des Russes. — Frédéric assiége Olmutz. — Bataille de Zorndorf. — Surprise de Hochkirchen. — Les armées entrent en quartiers d'hiver. — Honneurs accordés au feld-maréchal Daun. — Marie-Thérèse soutenue avec force par ses alliés. — Campagne de 1759. — Opérations des Français. — Défaite du roi de Prusse à Kunersdorf. — L'armée des cercles s'empare de Dresde. — Affaire de Maxen. — Défaite de Loudon à Liegnitz. — Retraite des Russes. — Prise de Berlin. — Défaite des Autrichiens à Torgau. — Succès des Français en Westphalie. — Le prince Ferdinand empêche Soubise et le maréchal de Broglie de se réunir aux Impériaux. — Inaction de Frédéric II. — Loudon prend Schweidnitz. — Désespoir du roi de Prusse. — Alliance des Russes avec Frédéric II. — Neutralité de l'impératrice Catherine II. — Prise de Schweidnitz par Frédéric II. — Le prince Henri vainqueur des Impériaux à Freyberg. — Paix d'Hubertsbourg.

Menacé de tous côtés, Frédéric II ne s'effraya point de la ligue qui se préparait contre lui, et sans autres alliés que le roi d'Angleterre et le landgrave de Hesse, il résolut de prévenir ses ennemis et d'engager la lutte contre les forces de la maison d'Autriche, de la moitié de l'empire, de la France et de la Russie. Son armée, organisée par lui-même avec les soins les plus minutieux, soumise à la discipline la plus rigoureuse et conduite par d'habiles généraux, envahit d'abord la Saxe, dont il voulait se faire un rempart contre la puissance autrichienne. Elle marchait sur trois colonnes : la première avait pour chef le prince Ferdinand de Brunswick, la seconde obéissait au roi lui-même, et la troisième était commandée par le prince de Brunswick-Bevern. Le maréchal Keith entra par la Silésie en Bohême, avec une armée d'observation forte de 35,000 hommes, afin d'empêcher les troupes de l'impératrice-reine de secourir la Saxe.

Le prince Ferdinand de Brunswick s'empara facilement de Leipsick, et Frédéric se présenta en personne devant les portes de Dresde. L'électeur n'eut que le temps de fuir de sa capitale et de gagner le camp de Pirna, près de Kœnigstein, sur les bords de l'Elbe, où son armée était rassemblée. Le roi de Prusse entra dans cette ville en maître et sous le nom de protecteur. La reine de Pologne, fille de l'empereur Joseph, aidée de son courage et de sa fermeté, n'avait pas voulu quitter son palais. On lui demande les clefs des archives, elle refuse de les donner; des soldats s'avancent afin d'enfoncer les portes, elle se précipite au-devant d'eux. Sans aucun respect, ni pour son sexe, ni pour son rang, ni pour sa naissance, on la repousse; on ouvre par force ce dépôt de l'État. Il importait au roi de Prusse d'y trouver des preuves des desseins de la Saxe contre lui; il trouva, en effet, des témoignages de la crainte qu'il inspirait. Il enleva des archives, et publia une copie du traité de partage signé le 18 mai 1745, entre les cours de Vienne et de Dresde, les articles secrets du traité de Pétersbourg du 22 mai 1746, et diverses dépêches qu'avaient écrites le comte de Bruhl et plusieurs envoyés saxons. Il les présenta comme des preuves du projet concerté entre les cours d'Autriche, de Saxe et de Russie, d'envahir et de partager la monarchie prussienne, et comme une justification de sa conduite, que ses ennemis ne tardèrent pas à peindre sous les couleurs les plus odieuses. On douta néanmoins de l'authenticité des pièces sur lesquelles il appuya ses raisonnements. De son côté, la cour de Vienne fit répandre une réfutation de l'accusation que Frédéric portait contre elle.

Instruit de l'irruption du roi de Prusse, l'empereur fit aussitôt déclarer, par une décision du conseil aulique, qu'elle était une infraction à la paix de Paris, et le somma de retirer ses troupes de l'électorat de Saxe, s'il ne voulait pas s'exposer aux peines portées par les lois de l'empire contre les perturbateurs du repos public. Mais ce n'était pas assez d'un décret impérial pour forcer un prince appuyé de 150,000 combattants, d'abandonner son projet.

Maître de Leipsick et de Dresde, Frédéric oublia ce qu'il avait promis au roi de Pologne. Il avait, en effet, annoncé dans un manifeste qu'il n'avait aucun dessein offensif contre Auguste III ni contre ses États; qu'il n'entrait pas dans la Saxe comme un ennemi, mais uniquement pour sa sûreté; qu'il ferait observer à ses troupes l'ordre le plus exact et la discipline la plus sévère; qu'il n'avait eu d'autre but que de s'ouvrir une communication avec la Bohême, et qu'il ne garderait ce pays que comme un dépôt jusqu'à la conclusion de la paix. Sa conduite à Dresde fut un raffinement de politesse envers tous les ordres, qui ne l'empêcha pas d'établir à Torgau un bureau militaire pour la perception de tous les revenus de l'électorat, de faire ouvrir les arsenaux, et transporter l'artillerie saxonne à Magdebourg. Il s'empara des armes et des munitions, exigea de fortes contributions, vida les caisses du souverain et enrôla par force les Saxons propres au service. La magnifique maison de campagne du comte de Bruhl, ministre du roi de Pologne, fut livrée au pillage; les tableaux précieux qu'il y avait rassemblés à grands frais, furent brûlés. On rasa à trois pieds de terre les arbres et les charmilles du parc; enfin l'on démolit l'intérieur de sa maison, de manière qu'il n'en restait plus que la charpente. Fréderic désavoua ces excès dignes des soldats d'Attila.

Pour détourner l'orage dont il était menacé, Auguste III, qui n'avait fait aucuns préparatifs hostiles, demanda au vainqueur de reconnaître sa neutralité. Mais Frédéric n'y voulut point consentir, à moins qu'il ne licenciât son armée de 18,000 hommes, qu'il était allé joindre dans le camp retranché de Pirna. Sur son refus, il le bloqua dans cette position qu'on jugeait inexpugnable, ce qui retarda ses opérations pendant plusieurs semaines et donna à Marie-Thérèse le temps de rassembler ses forces.

A la première nouvelle de l'invasion des Prussiens, le feld-maréchal, comte de Brown reçut ordre de délivrer à tout prix les troupes saxonnes devant Pirna. Ce général se mit aussitôt en marche avec les troupes qui étaient à Prague. Instruit de son approche, le roi de Prusse laissa 40,000 hommes devant Pirna, prit en personne le commandement de son armée de Bohême et marcha à la rencontre des Autrichiens. Les deux armées se trouvèrent en présence à Lowositz, sur les bords de l'Elbe, non loin des frontières de la Saxe. La bataille ne fut point décisive (1er octobre); les Autrichiens, quoique supérieurs en nombre, furent contraints de se retirer derrière l'Eger, laissant leurs ennemis maîtres du champ de bataille.

Fréderic revint sur le camp de Pirna et le resserra davantage. Les troupes saxonnes supportaient avec un courage digne d'admiration, la famine la plus affreuse. Tous leurs efforts pour se dégager furent réduits à l'impuissance par la vigilance et l'habileté du roi de Prusse. Le feld-maréchal Brown tenta, par une manœuvre hardie, de forcer les postes ennemis pour délivrer les Saxons, auxquels il envoya le plan d'une double attaque; mais las de les avoir attendus trois jours de suite, malgré tout le danger de sa position, il prit le parti de se retirer, et abandonna des alliés qui ne savaient pas agir. Les Saxons s'évadèrent néanmoins de leur camp le 13 octobre, et traversèrent l'Elbe; mais arrivés sur la droite du fleuve, au pied du Lilienstein, rocher escarpé, ils se trouvèrent tout aussi resserrés entre des troupes de Frédéric et dans un terrain très-défavorable. Du haut du Kœnigstein où il s'était retiré, Auguste III fut spectateur de la situation déplorable de ses troupes exténuées par la famine et le froid, sans bagages, sans munitions, entourées d'ennemis.

Elles ne pouvaient pas même, par une résolution désespérée, se faire jour aux dépens de leur sang, car toute ressource leur était enlevée. Afin de ne point les voir périr de faim et de misère , l'infortuné monarque fut obligé de consentir qu'elles se rendissent prisonnières de guerre. (1)

Le feld-maréchal Rutowski, qui commandait les Saxons, dressa cette triste capitulation (17 octobre). Les officiers s'engagèrent, sur leur honneur, à ne plus servir contre le roi de Prusse pendant toute la guerre, et par une mesure révoltante, les soldats furent incorporés dans les régiments prussiens. Quatre-vingts pièces de canons restèrent au pouvoir des vainqueurs. Le roi de Pologne, après avoir ainsi perdu son électorat et son armée , demanda des passe-ports à son ennemi, pour se rendre dans son royaume électif. Frédéric les lui envoya et eut même la politesse insultante de donner des ordres pour qu'on lui fournît des chevaux de poste. La reine ne suivit point son mari; elle resta dans Dresde, où elle mourut quelque temps après , accablée de chagrins. La reddition des troupes saxonnes permit à l'armée prussienne de prendre ses quartiers d'hiver. Elle se retira sur les confins de la Saxe et de la Bohême, et le maréchal Schwerin dans la Silésie.

---

(1) Frédéric II, *Histoire de la guerre de Sept ans*, t. 1.

Dans le cours de l'hiver, l'impératrice-reine, profondément affectée du malheur de son allié, et indignée de la conduite du roi de Prusse, ordonna les plus grands préparatifs pour les opérations de la campagne suivante. Elle déploya une rare activité et réussit à étendre la confédération contre Frédéric, et ses lettres aux cours catholiques représentèrent l'union de la Prusse avec l'Angleterre comme une ligue contre la religion. La France, entraînée par ses instances, consentit à devenir, de simple auxiliaire, partie principale dans la guerre, et au commencement de 1757 Louis XV conclut une convention secrète par laquelle il promit de payer à Marie-Thérèse un subside de 12,000,000 florins d'empire, d'entretenir un corps de 4,000 Bavarois et de 6,000 Wurtembergeois, ou d'autres troupes allemandes qu'il laisserait à la disposition de l'Autriche. Il s'engagea de plus à fournir pour la campagne qui allait s'ouvrir une armée de 150,000 hommes et à ne poser les armes que lorsque l'impératrice serait rentrée en possession de la Silésie, de Glatz et de la principauté de Crossen.

L'empereur présenta aussi à la diète l'invasion de la Saxe et de la Bohême comme une violation de la paix publique et lui fit sentir la nécessité de s'armer pour la défense du corps germanique. Sur sa proposition, la majorité décréta que tout l'empire devait soutenir les efforts de François 1er et résolut de former une armée d'*exécution* contre l'électeur de Brandebourg. En même temps les cours de France et de Suède annoncèrent à la diète qu'elles étaient déterminées à exercer le droit de garantie que leur accordait le traité de Westphalie. Enfin la Russie avait donné son adhésion au traité de Versailles, et la Suède elle-même, gagnée par les subsides de la France, embrassa la cause de Marie-Thérèse, malgré les efforts de l'épouse de son roi, sœur du monarque prussien. L'Espagne et les Provinces-Unies, que l'impératrice ne put entraîner dans ses intérêts, lui promirent de garder la neutralité. La France prit encore à sa solde l'électeur palatin, à qui elle avait déjà garanti les pays de Berg et de Juliers, l'électeur de Bavière, le duc de Wurtemberg, et dix autres princes. Elle voulait encore soudoyer la Pologne, qui avait offert à Auguste III 50,000 hommes pour le rétablir dans son électorat, mais la Russie s'opposa à ce qu'elle entrât dans la lutte.

Les princes de Hesse-Cassel, de Saxe-Gotha et de Brunswick, ainsi que Frédéric-Guillaume, comte de Lippe-Buckembourg, furent les seuls princes qui se réunirent à la Prusse. Frédéric II renouvela son alliance avec la Grande-Bretagne (11 janvier 1757), onze jours avant la déclaration de guerre de l'empire, afin de protéger la liberté européenne et la religion protestante en Allemagne. Le roi Georges II promit de porter à 70,000 combattants l'armée hanovrienne qu'il soudoyait, d'obliger la cour de Vienne, s'il était possible, à la paix, en lui dictant les conditions, et d'attaquer ensuite l'intérieur de la France. Les subsides de l'Angleterre fournirent aux princes alliés le moyen d'armer des corps bien exercés et plus nombreux.

Ainsi l'Allemagne se trouvait de nouveaux divisée et en armes ; les deux premières puissances étaient sur le point de commencer une lutte acharnée. Du côté de l'Autriche, nous voyons presque tout l'empire et les princes du sud-ouest de l'Allemagne, qui tant de fois avait été ravagé par les armes de la France, et qui la suivait aujourd'hui, grâce aux subsides ; du côté de la Prusse, quelques maisons princières avec le Hanovre. La guerre avait pour but d'écraser cette monarchie naissante ; la Prusse ne prenait les armes que pour sa défense. Toute la question n'était pas dans l'équilibre de l'Europe et de l'Allemage, il s'agissait encore, suivant l'expression de Pitt, de conquérir l'Amérique en Allemagne. (1)

---

(1) Pfister, *Hist. d'Allemagne*, t. 10.

Après avoir proposé en vain au ministère britannique de rendre la nation partie principale dans la guerre du continent, Georges II adopta un système de défense sur le Weser, et forma une armée d'observation, composée de troupes hanovriennes et hessoises, dont il confia le commandement au duc de Cumberland. Quant au roi de Prusse, il fit ruiner une partie des travaux de Wesel où il avait proposé d'abord d'établir la place d'armes des alliés. Il se contenta ensuite d'envoyer 6,000 hommes à l'armée du duc de Cumberland, renonça à la défense de ses États de Westphalie, et résolut d'accabler l'Autriche avant que les cercles, la Suède et la Russie n'eussent réuni leurs forces.

Fréderic cacha son dessein avec un art infini. Pendant qu'il semblait occupé de mettre la ville de Dresde en état de défense, afin de persuader aux ennemis que son désir était de se maintenir dans la Saxe, il ordonna au maréchal Lehwald de se diriger sur la Prusse avec 30,000 hommes, pour observer les Russes et les Suédois. En même temps, une colonne de son armée entra dans la Bohême et s'avança à marches forcées, vers Prague (21 avril 1757). Le prince de Bevern, qui en conduisait une autre par la Lusace, repoussa le comte de Kœnigseck au combat de Reichenberg; le maréchal Schwerin, qui venait de la Silésie, inquiéta la retraite des Autrichiens dont il défit l'arrière-garde. Le roi lui-même, joint par le prince Maurice de Dessau, marcha contre le prince Charles de Lorraine et le maréchal Brown, qui s'étaient postés derrière Prague et la Moldau, en attendant des renforts que le feld-maréchal Daun leur amenait de la Moravie.

Le prince Charles, à la tête de 70,000 hommes, avait pris une position qui semblait à l'abri de toute attaque. Mais le roi de Prusse, voulant prévenir sa jonction avec Daun, tomba sur lui à l'improviste, le 6 mai, avec 64,000 combattants. La bataille, qui fait époque dans les annales militaires, dura depuis neuf heures du matin jusqu'à huit heures du soir. Malgré les obstacles que lui opposait la nature du terrain, la cavalerie prussienne mit en déroute, après trois charges successives, la cavalerie du prince. L'infanterie, qui voulait avoir aussi sa part de gloire, s'avança avec plus de précipitation et de courage que de prudence. Mais elle fut rompue et repoussée par le feu continuel de l'artillerie autrichienne. Les plus courageux officiers et une foule de soldats tombèrent sur la place. Le maréchal Schwerin, qui, malgré ses soixante-douze ans, conservait encore tout le feu de sa jeunesse, voyant avec indignation des Prussiens plier devant l'ennemi, saisit un drapeau, le passe en écharpe autour de son corps et s'écrie : « Que les braves me suivent ! » Il se met à la tête de son régiment, le conduit à la charge, au milieu du feu le plus terrible, et fait des prodiges de valeur; mais comme il n'y a point encore de troupes pour le soutenir, ses efforts sont inutiles, et il tombe percé de trois balles, terminant ainsi une vie glorieuse par une mort qui la couvrit d'un nouveau lustre.

La mort de l'intrépide maréchal parut néanmoins ouvrir à ses troupes le chemin de la victoire. Mise en désordre par ces attaques multipliées, enfoncée sur plusieurs points et prise en flanc et à dos par un mouvement du prince Ferdinand de Brunswick, la ligne autrichienne fut rompue et forcée d'abandonner le terrain. Le feld-maréchal Brown, ayant reçu une blessure mortelle, se fit transporter à Prague, et son absence augmenta encore le trouble et la confusion. Une partie de l'aile droite de l'armée prussienne qui ne devait point combattre à cause d'un ravin profond placé devant elle, se laissa entraîner par son ardeur, à la vue de l'ennemi, franchit le ravin et gravit des rochers escarpés que défendaient toute la gauche des Autrichiens et une nombreuse artillerie. Après avoir enfoncé leur centre, elle rejoignit l'autre aile. En ce moment le prince Charles protégea, au moyen de celles de ses troupes qui n'avaient pas encore donné, sa retraite qu'il opéra en bon ordre.

Poursuivi de montagne en montagne, il ne vit point d'autre salut que de se jeter dans la ville de Prague.

La perte fut grande de part et d'autre : celle des Autrichiens s'éleva à 24,000 hommes, dont 5,000 prisonniers ; celle des Prussiens à 18,000 tués, blessés ou pris. La victoire demeura aux troupes de Frédéric qui s'emparèrent du camp de l'ennemi, de la caisse militaire, de 11 étendards et de 60 canons. Le roi regarda comme un des plus grands malheurs de cette journée la mort du feld-maréchal Schwerin, l'un des créateurs de la discipline des armées prussiennes et son premier guide dans la carrière militaire. Les Autrichiens regrettèrent de leur côté le comte de Brown, qui mourut de ses blessures à Prague, quelque temps après la bataille. Cet illustre général avait mérité la confiance de Marie-Thérèse ; de simple soldat, il s'était élevé, par son mérite, au grade de feld-maréchal. Dans cette journée, l'armée autrichienne n'aurait pu échapper à une entière destruction, si le prince Maurice de Dessau avait pu achever le pont qu'il faisait construire à Bronik, afin de passer la Moldau, et de tomber sur les derrières de l'ennemi.

Après cette victoire, Frédéric II investit Prague où le prince de Lorraine s'était réfugié avec 40,000 hommes. Il essaya de réduire la garnison par la famine. Les troupes et les 80,000 habitants que renfermait la ville se virent bientôt exposés à une extrême misère. Leur courage fut soutenu par une lettre de l'impératrice-reine, que leur apporta un officier de grenadiers échappé à la vigilance des assiégeants. « Je ressens une vive douleur, disait Marie-Thérèse, de savoir tant de généraux et un si grand nombre de troupes assiégés dans Prague, mais j'augure favorablement de leurs efforts. Je ne puis leur représenter assez vivement qu'ils se couvriraient d'une honte éternelle s'ils ne faisaient ce que, dans la dernière guerre, les Français ont fait, quoiqu'ils fussent en nombre bien inférieur. L'honneur de toute la nation et celui des armes impériales sont intéressés à la conduite que vont tenir les défenseurs de Prague. La sûreté de la Bohême, celle de mes autres États héréditaires et de l'Allemagne même dépendent de la conservation de cette place. L'armée du maréchal Daun se renforce journellement, et bientôt elle sera en état de faire lever le siége. Les Français s'approchent en toute diligence ; les Suédois viennent à mon secours, et en peu de temps les choses, avec l'assistance divine, prendront un aspect plus favorable. (1) »

Cette lettre excita l'enthousiasme des assiégés

____

(1) Coxe, d'après Pelzel.

qui montrèrent une constance héroïque. Les Prussiens se flattèrent de mettre le feu par un bombardement aux magasins d'abondance. Ils firent venir des mortiers et du canon et établirent des batteries sur différents points, mais tout fut inutile; la place avait des bastions casematés, où les vivres trouvèrent un abri contre tous les efforts de l'artillerie prussienne. Sur ces entrefaites, le feld-maréchal Daun, qui avait appris l'art de la guerre sous Seckendorf et Khevenhüller, et que sa grande sagacité, sa pénétration et sa valeur modérée par le sang-froid, avaient fait revêtir du commandement de l'armée, s'avançait pour dégager Prague. Il était à quelques milles de la place, lorsque Frédéric envoya contre lui 20,000 hommes commandés par le prince de Bevern. Daun, bien que son armée eût l'avantage du nombre, ne voulut pas risquer contre des troupes encore animées par leur victoire, une action du succès de laquelle pouvait dépendre le sort de la maison d'Autriche. A l'approche du prince de Bevern, il se replia sur Kolin, puis sur Haber, et recueillit partout sur son passage les débris de la bataille de Prague.

D'un autre côté, le roi de Prusse envoya le colonel Mayer avec ses volontaires et environ 500 hussards, pour jeter l'épouvante parmi les princes d'Allemagne et retarder la réunion de l'armée des cercles. Mayer entra dans l'évêché de Bamberg et pénétra ensuite dans le Haut-Palatinat. Alarmés de cette irruption, l'électeur de Bavière et plusieurs autres princes catholiques députèrent vers Frédéric, et presque tout l'empire était sur le point d'abandonner les intérêts de Marie-Thérèse. Mais une de ces révolutions ordinaires à la guerre changea bientôt la face des affaires.

Le blocus de Prague continuait, et chaque jour les Prussiens redoublaient d'efforts afin de s'emparer de cette ville, dont la prise devait leur assurer la prompte conquête de toute la Bohême. Mais les habitants souffraient avec courage les horreurs du bombardement et les troupes du prince Charles faisaient des sorties fréquentes. Outre les ennemis, les soldats de Frédéric avaient encore les éléments à combattre ; un violent orage et des pluies abondantes grossirent subitement les eaux de la Moldau, et leur impétuosité brisa le pont de Bronik. Cependant la prodigieuse quantité de bombes qu'ils avaient jetées dans la place avait détruit un quart de la ville ; le feu avait même consumé une des boulangeries des assiégés ; les déserteurs s'accordaient à dire que les vivres commençaient à manquer, et qu'au lieu de viande de boucherie, la garnison se nourrissait de chair de cheval. Les Prussiens ne gagnaient cependant rien contre cette place, ni par la force ni par la ruse ; il n'y

avait que la famine et le désespoir qui pussent
contraindre le prince de Lorraine à s'ouvrir un
passage au travers des ennemis.

Le projet de s'emparer de Prague avec l'armée
qui la défendait, aurait néanmoins réussi si les
évènements lui eussent donné le temps de parvenir à sa maturité, mais il fallut combattre le maréchal Daun, et la fortune abandonna les Prussiens.
En effet, ce général, après avoir enduré, comme
Fabius Cunctator, les reproches que lui adres-
saient des hommes qui ne savaient pas distinguer
la prudence de la pusillanimité, se portait en
avant pour attaquer Frédéric dans ses postes sous
les murs de Prague. Le prince Charles devait en
même temps faire une sortie avec toutes ses
troupes et se joindre au maréchal, dont l'armée
s'élevait alors à 60,000 hommes.

Afin de se rendre maître de la ville assiégée et
des forces qui la défendaient, il était indispensable
d'éloigner Daun de cette contrée. Le roi prit donc
la résolution d'aller à sa rencontre. Laissant une
partie de son armée autour de Prague, il se mit
en marche avec 20,000 hommes (13 juin), et le
lendemain il joignit le prince de Bevern, que le
mouvement rapide des Autrichiens obligeait de se
retirer. A l'approche des ennemis, Daun occupa
les hauteurs qui s'étendent depuis le village de
Chotzemitz vers Kolin. Il disposa, de la manière

la plus judicieuse, son formidable train d'artillerie, et prit les plus habiles mesures pour s'assurer la victoire. De son côté, Frédéric ne négligea aucune des ressources de l'art militaire pour soutenir sa gloire. Malgré l'infériorité du nombre, il attaqua les Autrichiens avec courage (18 juin), et réunissant tous ses efforts contre leur aile droite mal appuyée, il parvint presque à la tourner. Déjà le maréchal doutait du succès, déjà il ordonnait la retraite, lorsque la fortune changea par l'imprudence de deux généraux prussiens qui rompirent la ligne droite pour tomber sur un poste de Croates et furent défaits avec une grande perte. Les cavaliers saxons pénétrèrent dans l'ouverture qui s'était faite, et, animés par le désir de venger leur ancienne injure, ils combattirent avec une valeur sans égale. Le maréchal Daun, profitant en grand général des fautes de ses adversaires, parcourt les rangs de ses soldats, et les excite de la voix et du geste. Dans cette sanglante journée, Daun et Frédéric se multiplient à la manière des héros.

Vers les sept heures, l'excès de la fatigue sépara les combattants ; ils prirent, comme de concert, une demi-heure de repos. Le roi de Prusse voulut faire un dernier effort. Tandis que l'infanterie se battait avec un acharnement affreux, il conduisit une septième fois sa cavalerie contre les bataillons autrichiens qui l'avaient tant de fois repoussée, mais elle fut encore forcée de reculer. Dans ce moment Daun donna l'ordre à la cavalerie de sa gauche de fondre sur l'ennemi et de le prendre en flanc : ce mouvement et la vigoureuse résistance de son infanterie, décidèrent la fortune de cette terrible journée. Frédéric, jugeant la bataille perdue, ordonna à deux régiments de cuirassiers, qui étaient à portée, de se mettre en mouvement pour charger l'ennemi et dégager l'infanterie. Mais, intimidés par l'affreux carnage qui s'est fait de leurs camarades, ils refusent de se porter en avant. Le roi, au désespoir, abandonne le champ de bataille, suivi d'un escadron de ses gardes. On l'entendit plusieurs fois s'écrier : « Mes hussards ! mes braves hussards ! ils seront tous perdus ! » 22 étendards, 45 pièces de canon, quantité de caissons d'artillerie et de munitions furent les glorieux trophées de la victoire de Kolin, qui ne coûta que 8,114 hommes aux Autrichiens. Frédéric perdit 15,000 en tout.

Marie-Thérèse apprit avec une joie proportionnée à la crainte qu'elle avait eue, la nouvelle de cette mémorable journée. Elle la célébra par des fêtes magnifiques et voulut témoigner, de la manière la plus flatteuse, sa reconnaissance au vainqueur du redoutable Frédéric ; elle alla, accompagnée de l'empereur, annoncer à la comtesse de

Daun le brillant succès du maréchal son époux. Ingénieuse à trouver des moyens de récompenser dignement ses sujets, elle perpétua le souvenir de la victoire de Kolin, en faisant frapper des médailles et en instituant l'ordre militaire du Mérite, ou de Marie-Thérèse, dont elle décora le feld-maréchal et les braves officiers qui s'étaient signalés dans cette mémorable journée. Enfin, François Ier et l'impératrice-reine accordèrent encore à l'heureux général une distinction particulière : ils lui permirent de faire une promotion dans leurs armées. Ce témoignage d'estime et de confiance fut d'autant plus flatteur pour Daun, qu'il lui fournissait l'occasion de donner quelques marques d'amitié à ses rivaux d'honneur. Le choix qu'il fit dans cette promotion le couvrit d'une autre espèce de gloire qui, sans être aussi éclatante que celle de la victoire, n'en mérite pas moins les plus grands éloges. Il sut allier les intérêts de sa souveraine avec ceux de l'amitié et d'une âme généreuse.

Après avoir donné les ordres nécessaires à ses généraux pour la retraite de ses troupes, Frédéric se rendit au camp devant Prague, dont il leva le blocus, et se dirigea avec précipitation vers la Saxe et la Lusace. Dans cette marche, l'armée était commandée par Auguste-Guillaume, prince de Prusse, qui ne put empêcher que le prince

Charles et le maréchal Daun réunis n'atteignissent avant lui la petite ville de Zittau qui n'était pas fortifiée, mais dans laquelle les Prussiens avaient un magasin considérable. L'armée autrichienne la détruisit par un bombardement. « La bataille de Kolin aurait peut-être été le Pultawa de Frédéric II, si, cédant au désespoir qui, au premier moment, lui fit écrire à sa sœur, la margrave de Baireuth : « Il n'y a de port et d'asile pour moi que dans les « bras de la mort », il n'avait opposé à sa mauvaise fortune un courage héroïque. Heureux si, aux consolations que lui fournissait sa froide philosophie, s'était joint un sentiment religieux pour dissiper le chagrin dont son âme était accablée. (1) »

Tandis que les armes de l'impératrice-reine obtenaient de si brillants succès en Bohême, celles de ses alliés frappaient de grands coups dans la Westphalie. En moins de huit jours le prince de Soubise, à la tête des Français, prend Wesel, enlève au roi de Prusse les duchés de Clèves et de Gueldre, et force ses troupes à se replier sur l'armée hanovrienne que le duc de Cumberland commandait au delà du Weser. Une autre armée, aux ordres du maréchal d'Estrées, digne élève du comte Maurice de Saxe, se dirige, vers le milieu

---

(1) Schœll, *Cours d'histoire des États européens*, t. 38.

d'avril, contre le prince anglais. Après deux mois de marches savantes et d'habiles manœuvres, d'Estrées mit le duc de Cumberland dans la nécessité d'accepter la bataille et le défit près de Hastenbeck (26 juillet), mais la victoire ne fut pas complète par la trahison du comte de Maillebois qui commandait la gauche et qui se laissa vaincre, afin de perdre son général. La reddition de Hanovre fut le résultat de cette journée. Richelieu, successeur du maréchal d'Estrées, privé du commandement par une intrigue de cour, conquit rapidement la plus grande partie des États de Brunswick et de Hanovre, et poussa Cumberland jusqu'à Stade, près de la rive gauche de l'Elbe. Il fallait que le duc se déterminât à combattre contre des troupes déjà victorieuses, ou à mettre bas les armes. Ce second parti lui parut le plus sûr; il négocia donc et obtint du maréchal de Richelieu la convention de Closterseven, par laquelle toute son armée devait se retirer au delà de l'Elbe et laisser le champ libre aux Français contre le roi de Prusse (8 septembre).

En ce moment, la situation de Frédéric II semblait presque désespérée : chassé de la Bohême, privé de ses uniques alliés, il voyait les Autrichiens envahir la Silésie. L'*armée d'exécution*, sous les ordres du prince Joseph de Saxe-Hildburghausen, réunie à 25,000 Français que commandait le prince de Soubise, s'avançait à travers la Thuringe sur la Saale. D'un autre côté, les Suédois envahissaient la Poméranie et la Marche-Ukrainienne. 100,000 Russes, conduits par le feld-maréchal d'Apraxin, prenaient l'offensive, entraient en Prusse, s'emparaient de Memel après un bombardement, battaient à Jœgerndorf le feld-maréchal Lehwald, et commettaient dans le pays les plus affreux excès. Enveloppé d'ennemis de toutes parts, Frédéric se croyait perdu, et, comme il l'écrivait à Voltaire, il ne pensait qu'à mourir en roi. Les énormes fautes de ses ennemis le firent sortir avec honneur de cette conjoncture difficile.

Après la convention de Closterseven, Richelieu regarda sa tâche comme accomplie : il ne songea point à soutenir l'*armée d'exécution*, mais à piller le pays conquis. Ensuite les Russes, vainqueurs à Jœgerndorf, ne profitèrent point de leurs succès; ils évacuèrent la Silésie qui leur était ouverte, se replièrent vers la Pologne et la Courlande, et prirent leurs quartiers d'hiver. Lehwald revint alors sur l'Oder, où il força les Suédois à se retirer dans Stettin. Frédéric, retranché dans la Saxe, observait de là tous les mouvements des Autrichiens dont les détachements pénétraient en Silésie. Il forma le hardi projet d'aller combattre l'*armée d'exécution*. Pour cela il fallait dérober sa marche à l'œil pénétrant du maréchal Daun, vaincre l'ennemi et revenir contre les Autrichiens.

Par de nombreux mouvements et de savantes manœuvres, le roi de Prusse parvient à tromper la vigilance de son ennemi. Il se met en marche vers la Thuringe avec 30,000 hommes et établit son quartier général à Erfurth. Ce ne fut qu'après avoir éprouvé de vives alarmes qu'il goûta enfin le plaisir du succès. Le maréchal Daun s'était aperçu de son absence et de la diminution de son armée, qu'il avait laissée aux ordres du prince de Bevern, pour défendre le terrain en Silésie. Alors le prince Charles s'ébranla, et pressant toujours Bevern, il l'obligea de se retirer sous le canon de Breslau et de se retrancher à la hâte dans le faubourg. Pendant ce temps, le général Nadasti resserrait Schweidnitz et se préparait à en former le siége.

Une autre entreprise vint encore inquiéter le roi de Prusse. Le général autrichien Haddick, parti de la Silésie à la tête de 6,000 cavaliers, traversait le Brandebourg et allait mettre Berlin à contribution. Sur cette nouvelle, Frédéric ordonne au prince Maurice d'Anhalt de se rapprocher de sa capitale; lui-même fait un mouvement en arrière sur Leipsick pour la dégager. Averti de la marche du roi, Haddick se hâte de lever 200,000 écus de contribution et regagne la Silésie sans que Frédéric ait pu l'atteindre dans sa retraite.

Informée de l'entrée des Autrichiens à Berlin, l'armée d'exécution passa la Saale et poussa jusqu'à Weissenfels. Le roi s'empressant de regagner la Saxe, vint camper vis-à-vis l'ennemi, et le 4 novembre il s'établit près de Mersebourg, à Rosbach, village qui couvrit un des flancs de son armée tandis que l'autre s'appuyait sur Bedra. Le long du front régnait un terrain en pente et au bas duquel coulait le ruisseau de Schortau.

Le lendemain, dans leur aveugle confiance, les alliés, qui étaient deux fois plus nombreux que les Prussiens, ne semblèrent occupés qu'à empêcher leur proie de s'échapper. Ils levèrent leur camp, et vers les onze heures du matin, les généraux pleins de prévention et se flattant de cerner le roi, rangèrent en bataille leur armée qui ne connaissait ni ordre ni discipline. Frédéric profita de la nature du terrain pour exécuter une manœuvre de laquelle il espérait les plus heureux résultats. Il avait assis son camp sur une montagne étroite, escarpée et longue, qui s'exhaussait brusquement au-dessus du village de Rosbach. Il rangea son infanterie sur deux lignes à l'extrémité de la hauteur, et la cavalerie sur une seule ligne derrière. A dix heures du matin, il observa, du château où son quartier général était fixé, les mouvements des ennemis ; il y resta une heure, demanda son dîner et mangea tranquillement. Il monta ensuite sur le donjon, donna tous les ordres nécessaires et descendit après avoir vu les colonnes de l'*armée d'exécution* côtoyer son flanc gauche et diriger lentement leur marche sur les derrières de ses troupes.

Bientôt on entend un coup de canon, et à ce signal les tentes s'abaissent et laissent voir l'armée de Frédéric rangée en bataille ; deux batteries formidables, placées aux côtés du camp sur deux collines voisines, vomissent en même temps un feu terrible. La cavalerie prussienne, que commande le général Seydlitz, se précipite des hauteurs et fond sur les têtes des colonnes. L'infanterie, étonnée par cet appareil nouveau de combat et foudroyée par l'artillerie, s'ébranle et perd ses rangs. On se rassure cependant, et des deux côtés on déploie la plus intrépide valeur. Le baron de Bretlach, le marquis de Voghera, le baron de Roth et le prince d'Hildbourghausen ; mêlés aux cuirassiers, firent d'abord plier les escadrons prussiens et culbutèrent la première ligne. Le roi de Prusse accourt, la reforme et la ramène au combat ; elle se jette avec une nouvelle impétuosité sur les cuirassiers et les repousse jusqu'à leur infanterie.

Le combat ne fut pas long ; le désordre avait

d'abord été si général, que l'on fut bientôt obligé
de faire marcher le corps de réserve. Il fut conduit au feu par le prince de Soubise, suivi du
comte de Revel et du marquis de Castries qui
commandait la cavalerie française. Ce dernier a
reçu deux coups de sabre sur la tête; il exhorte
néanmoins ses soldats à tenir ferme et continue à
donner l'exemple. Malgré tous ses efforts, le corps
de réserve allait être forcé de céder, lorsque le
prince de Soubise s'en aperçoit, vole aussitôt à sa
gauche, en ramène quatre régiments, et, à leur
tête, il s'enfonce au milieu des escadrons prussiens. Ce renfort rétablit la bataille et fait plier un
instant l'ennemi. Mais tant d'efforts et d'actions
héroïques furent inutiles. Une seconde ligne de
cavalerie prussienne, qui n'avait pas encore combattu, se présente et recueille les débris de la première. Alors tout marche à la fois, les soldats de
Frédéric enveloppent la cavalerie de l'empire et
celle des Français, qui ne cédèrent enfin que lorsqu'il ne fut plus possible de rester sur le champ
de bataille.

La déroute de la cavalerie entraîna celle de l'infanterie qui, durant toute l'action, avait été exposée
au feu des batteries, et que les escadrons du vainqueur attaquaient alors en flanc; il fallut nécessai-
rement se retirer. Le marquis de Crillon qui eut
un cheval tué sous lui, le duc de Cossé qui fut

blessé et pris, et le chevalier de Nicolaï combattirent encore quelque temps à la tête de plusieurs bataillons.

Deux régiments suisses étaient restés sur le champ de bataille et continuaient à braver seuls les efforts de la cavalerie de Frédéric et le feu des batteries ; les colonels Diesbach et Waldner ne pouvaient se résoudre à fuir. Le prince de Soubise, d'un courage tranquille et ferme, s'expose aux plus grands dangers et retourne sur le champ de bataille pour obliger les deux régiments à opérer leur retraite. Dans cette journée si malheureuse, les troupes des cercles montrèrent beaucoup de lâcheté et prirent la fuite aux premiers coups de canon, tandis que les Français combattirent avec un courage sans égal. Mais il serait difficile de justifier la conduite de leurs officiers supérieurs. Sept bataillons d'infanterie seulement et toute la cavalerie prussienne prirent part à l'action. Les alliés perdirent 10,000 hommes dont 7,000 prisonniers parmi lesquels 11 généraux, 67 pièces de canon et 22 étendards. Les vainqueurs n'eurent que 165 hommes morts et 376 blessés. Sans la nuit qui favorisa sa retraite, leur armée eût été entièrement détruite. Les vaincus ne purent se rallier que dans les montagnes de Thuringe.

Pendant ce temps, le prince de Lorraine avait forcé Bevern de se retirer sur l'Oder afin de cou-

vrir Breslau; il le suivit, assiégea et prit Schweidnitz. Bientôt instruit de la victoire et de la marche
du roi de Prusse qui se tournait alors de nouveau
contre les Autrichiens, il attaqua les retranchements de Bevern et les emporta malgré les difficultés de l'entreprise et la défense la plus opiniâtre, et lui tua 6,000 hommes (22 novembre).
Le général Beck, à la tête d'un corps de troupes
légères, poursuivit les fuyards; ayant rencontré
le lendemain, pendant la nuit, le prince de Bevern
qui examinait son camp, il le fit prisonnier, le désarma et le conduisit au frère de l'empereur qui
lui fit l'accueil le plus distingué, et l'envoya sous
bonne escorte en Moravie. Le même soir, la garnison de Breslau, composée de 10,000 hommes,
capitula; on lui accorda les honneurs de la
guerre, mais la plus grande partie des soldats
s'enrôla dans les troupes autrichiennes.

La Silésie semblait perdue pour Frédéric, mais
il accourait, et dès qu'il eut joint ses ennemis, tout
changea de face. Il lui fallait une autre bataille et
la victoire pour rétablir ses affaires; il résolut de
se battre, quoique la saison fût avancée et que ses
troupes parussent accablées des fatigues de cette
campagne. Arrivé en Silésie, il réunit à ses vainqueurs de Rosbach les débris de l'armée de Bevern, auxquels il inspira un nouveau courage.
Mais ces deux corps ne formaient encore que

33,000 combattants qu'il conduisit contre 80,000 Autrichiens campés entre Leuthen et Lissa (5 décembre), en disant aux généraux : « En quelques heures nous aurons vaincu l'ennemi, ou nous ne nous reverrons plus. » Les soldats du prince de Lorraine et du maréchal Daun s'étendaient sur un espace de plus d'un mille. Frédéric II, adoptant la tactique ancienne, celle d'Épaminondas à la bataille de Leuctres, se développa obliquement, se jeta sur l'aile gauche mal soutenue, et principalement sur les troupes auxiliaires, composées de Wurtembergeois et de Bavarois, qui manquaient de munitions. Le désordre régna bientôt à l'aile droite des Autrichiens qui vint trop tard au secours de l'aile gauche. Leurs généraux rallièrent plusieurs fois leurs soldats et disputèrent vaillamment le terrain. Le succès ne couronna point leurs efforts, et des bataillons entiers furent anéantis. Après trois heures de combat, cette formidable masse était en pleine déroute et perdait 20,000 prisonniers, 6,500 morts et blessés, 134 pièces de canon et 59 drapeaux. « Cette bataille, dit dans ses *Mémoires* le plus illustre capitaine des temps modernes, fut un chef-d'œuvre de mouvements, de manœuvres et de résolutions : seule elle suffirait pour immortaliser Frédéric et lui donner rang parmi les plus grands généraux. »

Le prince Charles voulait sauver Breslau ; il y

jeta donc une forte garnison, une artillerie considérable, des provisions de toute espèce, et regagna la Bohême. Le roi de Prusse ne perdit point de temps ; malgré la rigueur de la saison, il assiégea cette place, et poussa les travaux avec tant de vigueur, que son commandant, le général Sprécher, capitula le 19. 18,000 hommes, 686 officiers et 13 généraux mirent bas les armes. Frédéric termina par la prise de Liegnitz cette campagne, l'une des plus mémorables dans l'histoire des guerres du xviiie siècle. Dans toute la Silésie, les Autrichiens ne conservaient plus que Schweidnitz.

Il ne sera pas inutile de suspendre un moment le récit de ces batailles, pour admirer la générosité de l'impératrice-reine. Lorsque Frédéric ternissait ses grandes qualités par le traitement rigoureux et humiliant qu'il faisait éprouver à ses prisonniers, Marie-Thérèse traitait avec beaucoup d'égards le prince de Bevern, prisonnier du général Beck. Après sa captivité, il avait écrit plusieurs fois au roi de Prusse et n'avait point reçu de réponse. Il fit alors demander à l'impératrice-reine, comme une grâce particulière, de se racheter lui-même et de payer sa rançon. Marie-Thérèse ne voulut en accepter aucune et accorda sans condition la liberté à son prisonnier. Pénétré d'une bonté si rare, Bevern se rendit à la cour de Vienne, afin d'épancher aux pieds de l'impératrice-reine les sentiments de sa vive reconnaissance. Marie-Thérèse l'accueillit avec une distinction flatteuse, et le prince remporta en Prusse la plus haute idée de cette souveraine.

Tandis que, par son génie, Frédéric changeait en Allemagne la face de la guerre, le plus implacable ennemi de la France, William Pitt, que son éloquence et sa vaste capacité rendaient l'idole de la nation anglaise, entrait au ministère. Aussitôt il s'efforça d'imprimer une nouvelle vigueur aux hostilités. Indigné de la convention de Closterseven, qu'il regardait comme l'opprobre des Anglais, il ne tendit qu'à faire abolir jusqu'à la mémoire de ce traité honteux (1). Il ne voulut point le ratifier, fit reprendre les armes aux Hanovriens, animés par les succès des troupes prussiennes, les fortifia d'un corps de troupes anglaises, sous les ordres du duc de Malborough, et demanda à Frédéric le prince Ferdinand de Brunswick pour commander cette armée ainsi reconstituée. En outre, par un traité signé à Londres le 11 avril 1758, il accorda 12,000,000 de subsides au roi de Prusse.

Vers la même époque, le Danemarck se joignait à la ligue formée contre l'allié de l'Angleterre. Il ne prit cependant pas une part active à la guerre, mais promit seulement d'assembler dans le duché

____

(1) Frédéric II, *Histoire de la guerre de Sept ans.*

de Holstein une armée de 24,000 hommes destinée à repousser toute entreprise sur les possessions du grand-duc de Russie, et contre la neutralité des villes de Hambourg et de Lubeck.

Ranimée par les secours de l'Angleterre et par les talents du prince de Brunswick, le plus habile des lieutenants du roi de Prusse, l'armée hanovrienne enleva aux Français toutes leurs conquêtes et les contraignit de repasser le Rhin, avec perte de 10,000 hommes. Le manque de cavalerie l'empêcha de poursuivre ses avantages, mais au mois de mai il put reprendre l'offensive. Après avoir franchi le Rhin à Rées et occupé le pays de Clèves, Ferdinand marcha à la rencontre des Français aux ordres d'un prince de la maison de Condé, le comte de Clermont, successeur de Richelieu. Il les trouva campés dans une excellente position, près de Crevelt, la droite appuyée au Rhin; il les attaqua et leur fit essuyer une déroute complète. L'incapable Clermont ordonna la retraite après avoir perdu 7,000 hommes (23 juin). Le jeune comte de Gisors, fils unique du maréchal de Belle-Isle, fut mortellement blessé dans cette bataille, à la tête du régiment des carabiniers qu'il commandait pour la première fois. Honteuse de la nullité du comte de Clermont, la cour de France le rappela, et il fut remplacé par un général expérimenté, le maréchal de Contades.

La guerre s'approchait des Pays-Bas autrichiens, qui semblaient devoir en être désormais le théâtre ; mais une diversion imprévue des Français dans la Hesse, la reporta en Allemagne. Le duc de Broglie, à la tête de l'avant-garde française, marcha sur la Lahn, défit le prince Jean-Casimir d'Isenbourg, général des Hessois, à la bataille de Sandershausen (23 juillet), et entra dans Cassel. Cette victoire rappela des bords du Rhin le duc de Brunswick qui parvint à repasser le fleuve, sans perte, quoiqu'il fût serré de près par le maréchal de Contades, et se porta sur Munster afin de protéger le Hanovre. Le maréchal s'empressa de suivre le prince Ferdinand, mais sans pouvoir se réunir à Soubise. Celui-ci venait de remporter un autre avantage sur les Hessois, réunis aux Hanovriens, auprès de Lutternbourg, dans le bailliage de Minden (10 octobre). Il ne fut point décisif pour les Français, qu'à la fin de la campagne le cours des hostilités rejeta même hors de la Hesse vers le territoire de Francfort, où ils établirent leurs quartiers d'hiver.

Si de la Westphalie et du Hanovre, nous portons nos regards sur l'autre théâtre de la guerre, où les Autrichiens, les Russes et l'armée des cercles luttent contre Frédéric II, nous serons témoins d'évènements plus importants. La rigueur de la saison n'avait point empêché les Russes de

rester sous les armes. Indignée de la conduite du
général Apraxin qui, l'année précédente, avait
quitté la Prusse sans tirer aucun fruit de sa victoire, la czarine lui retira le commandement de
ses troupes et le donna au général Fermor. Dès le
mois de janvier 1758, l'armée russe se mit de
nouveau en marche, s'empara de Kœnigsberg et
ensuite de toute la Prusse comme d'une province
que l'impératrice Élisabeth avait résolu d'incorpo-
rer à son empire. Après cela, Fermor s'approcha
des confins de la Silésie et de la Poméranie pour
opérer sa jonction avec les Autrichiens. Mais l'impératrice-reine avait à créer une nouvelle armée.
Les dépenses énormes qu'elle était obligée de
faire pour remplacer les armes, les magasins et
les bagages qui étaient tombés au pouvoir de l'ennemi, épuisaient ses finances.

Dans cette circonstance, les fidèles Hongrois
volèrent encore au-devant des besoins de leur
reine et lui donnèrent un témoignage bien flatteur
de leur amour. Les magnats du royaume se rendirent à Vienne pour annoncer à Marie-Thérèse
que les États allaient mettre sur pied, à leurs
propres dépens, une armée de 30,000 hommes,
auxquels ils fourniraient armes, chevaux, équi-
pages de guerre. Cette même année, 40,000
Croates prirent les armes; la Servie lui envoya
20,000 hommes, la Bosnie et les environs de la

Save plus de 10,000. Enfin tous les sujets de l'impératrice-reine devenaient soldats pour défendre en temps de guerre celle qui, pendant la paix, était la mère de ses peuples.

Malgré tous ses efforts, la cour de Vienne ne put faire entrer avant les premiers jours d'avril, son armée en campagne. Frédéric II avait déjà recommencé ses opérations. Après s'être emparé de Schweidnitz, que tout l'hiver il avait tenu bloqué, et de sa garnison forte de 5,000 hommes (16 avril), il entra dans la Moravie, province moins épuisée que la Bohême, et résolut d'investir Olmutz. La nombreuse garnison de cette place, la valeur et les talents du commandant, des fortifications en bon état, étaient des obstacles trop faibles pour arrêter le roi de Prusse. Avant de partir, il laisse une armée considérable en Saxe sous les ordres du prince Henri son frère, afin d'observer celle que le feld-maréchal Daun avait envoyée sur les frontières de cet électorat, et l'armée des cercles commandée par le prince Frédéric de Deux-Ponts, en marche vers la Bohême. Il ordonne ensuite au général Fouquet, retranché dans le comté de Glatz, de faire différents mouvements pour masquer ses desseins sur Olmutz. Après plusieurs marches et contremarches, Frédéric arrive devant cette ville et en forme le siége, malgré les fréquentes sorties de la garnison.

Le maréchal Daun s'était déjà aperçu que le roi avait quitté la Silésie. A la tête d'une armée de 50,000 hommes dont il a pris le commandement en chef à la place du prince Charles de Lorraine, il suit Frédéric et arrive non loin d'Olmutz. Mais il voit l'impossibilité d'engager une action avec son armée composée de recrues et se contente d'asseoir son camp à cinquante milles de la place assiégée. De là, il renforce continuellement la garnison, et au moyen de ses troupes légères, il cause de perpétuelles alarmes aux Prussiens. Daun eut bientôt familiarisé ses soldats avec la vue des ennemis. Il apprit, vers le milieu de juin, qu'un convoi de 3,000 fourgons, sans lequel Frédéric ne pouvait continuer les opérations du siége, venait de la Silésie par Troppau. Il envoya les maréchaux Loudon et Ziskowitz chacun avec un corps de 6,000 hommes pour l'enlever. Au moment où il allait entrer dans les lignes des Prussiens, les deux généraux tombent sur les 14,000 hommes qui lui servent d'escorte, renversent et culbutent tout ce qui résiste, tuent près de 3,000 ennemis, font 400 prisonniers, s'emparent de 12 pièces de canon et détruisent le convoi. Une perte aussi considérable pour Frédéric et l'approche de l'armée russe le déterminèrent à lever le siége (3 juillet.)

Après sa retraite d'Olmutz, le roi de Prusse se

dirigea contre les Russes qui, malgré Dohna, investissaient Custrin. Il fit en vingt-quatre jours une marche de cent lieues, arriva le 21 août dans les environs de Custrin, déjà réduit en cendres, et se réunit à l'armée du comte de Dohna. Il passa l'Oder au-dessous de ce point, et attaqua Fermor posté à Zorndorf avec 54,000 hommes (15 août). Cette bataille fut une des plus longues et des plus sanglantes de toute la guerre ; elle dura depuis neuf heures du matin jusqu'à huit heures et demie du soir. Les deux partis s'attribuèrent la victoire. Les Prussiens perdirent environ 12,000 hommes, mais la perte des Russes monta à 21,500 tués et 3,000 prisonniers. Fermor abandonna le siége qu'il avait entrepris et se retira vers les frontières de la Pologne.

Les Russes ainsi repoussés, Frédéric courut en Saxe, au secours du prince Henri son frère, vivement pressé par le maréchal Daun que soutenait l'armée de l'empire. Après différentes manœuvres dont le but était d'inquiéter les Autrichiens, il assit son camp sur des hauteurs, à trois milles des ennemis, en étendant sa droite par delà le village de Hochkirchen, et sa gauche depuis Seska jusqu'à Kottiz. Cette position parut si peu tenable au maréchal Keith, qu'il dit au roi : « Si les Autrichiens nous laissent tranquilles dans ce camp, ils méritent d'être pendus. — Il faut espérer, lui répondit Frédéric, qu'ils nous craindront plus que la potence. » Sa confiance présomptueuse lui fit négliger les précautions ordinaires. Daun résolut de l'attaquer, et pour mieux cacher son dessein, il éleva des redoutes autour de son camp, comme s'il voulait demeurer sur la défensive. Mais dans la nuit du 13 au 14 octobre, laissant ses feux allumés, il forma trois divisions de son armée, traversa des chemins et des bois très-difficiles. A cinq heures du matin, des pelotons d'Autrichiens s'annonçant comme déserteurs, se présentèrent aux avant-postes de l'ennemi; leur nombre s'accrut si rapidement, qu'ils purent s'en rendre maîtres. Alors favorisés par l'obscurité, les corps conduits par Daun et Loudon tombent sur le camp des Prussiens, pénètrent dans les tentes, massacrent tous ceux qui sont ensevelis dans le sommeil, s'emparent de l'artillerie et la déchargent sur leurs ennemis.

Dans cette situation dangereuse, la discipline à laquelle les troupes de Frédéric étaient accoutumées, les sauva d'une perte entière. A la première alarme, les soldats coururent aux armes et se rangèrent en aussi bon ordre que le permirent la surprise et l'obscurité. Le village de Hochkirchen en flammes éclaira les dispositions du roi. A la tête de trois brigades, il s'efforça de tourner Hochkirchen, afin de prendre l'ennemi en flanc, mais il fut contraint de céder à des forces supérieures. Daun et Loudon s'emparent du village ; de ce poste dépendait le succès de la bataille. Trois fois les Prussiens tâchent de le reprendre, trois fois ils sont repoussés vigoureusement. Dans une quatrième attaque, leurs efforts sont en partie couronnés du succès, lorsque Daun conduit ses troupes au centre de ce poste. La mêlée devient affreuse, et les généraux combattent comme le simple soldat. Le maréchal Keith, l'ami intime du roi, qui commandait l'aile droite, et le prince François de Brunswick, frère de la reine, tombent morts sur la place, et le prince Maurice d'Anhalt-Dessau, grièvement blessé, est fait prisonnier. Les Prussiens sortent alors du village et se retirent à la faveur des batteries placées au centre de leur camp. Frédéric se préparait à tenter un dernier effort avec son aile gauche. Il en fut empêché par le duc d'Aremberg qui conduisait la troisième division des Autrichiens, et s'était emparé des redoutes. Après un combat de cinq heures, dans lequel il avait perdu 10,000 hommes et les Autrichiens 8,000, le roi se vit forcé d'abandonner son camp, ses bagages et 100 pièces de canon. Il se retira en bon ordre sur les hauteurs de Bautzen, à une lieue environ du champ de bataille.

Malgré ce désastre, jamais Frédéric ne parut

plus grand. Quoiqu'il n'eût ni artillerie, ni munitions, il était encore redoutable, et Daun n'osa pas l'attaquer. Il essuya courageusement toutes les injures de l'air, en attendant que le prince Henri, son frère, lui amenât de Saxe des troupes, des tentes et du canon. Lorsqu'il eut reçu ce renfort, il marcha au secours de Neiss que les Autrichiens assiégeaient. A son approche, ils se retirèrent. Le roi ne s'attacha point à leur poursuite, mais se dirigea vers la Saxe pour débarrasser ce pays de l'armée des cercles qui investissait Leipsick, tandis que le feld-maréchal Daun menaçait Dresde. Le général Schmettau, commandant de cette ville, avait reçu l'ordre de la défendre jusqu'à l'extrémité. Comme ses vastes et magnifiques faubourgs opposaient de grands obstacles à ses projets, il se crut obligé d'y mettre le feu au moment où les Autrichiens se préparaient à s'emparer de celui de Pirna. Le 10 novembre, deux cent soixante-six maisons somptueuses, parmi lesquelles on comptait des palais ornés des plus riches ameublements, devinrent la proie des flammes. Plein d'égards pour la famille royale qui se trouvait alors dans Dresde, le maréchal Daun renonça à son entreprise. L'approche de Frédéric le força d'évacuer la Saxe ; il alla prendre ses quartiers d'hiver en Bohême.

La campagne terminée, Daun se rendit à la

cour de Vienne, afin de préparer les travaux de la suivante sous les yeux de son auguste souveraine. L'empereur et son épouse se plurent à répandre les honneurs et les grâces sur le général victorieux. Après la bataille de Hochkirchen, l'impératrice-reine lui avait témoigné sa reconnaissance par une lettre écrite de sa propre main. Une statue fut ensuite élevée en son honneur. Animés du même esprit que Marie-Thérèse, les États d'Autriche voulurent aussi récompenser le maréchal des services importants qu'il avait rendus à la patrie ; ils arrêtèrent de lui faire présent de 300,000 florins pour racheter la seigneurie de Ladendorf, bien de famille que son père avait vendu au comte de Khevenhuller. L'impératrice de Russie lui envoya une épée à poignée d'or, par considération pour sa valeur et ses talents militaires. Le succès des armes autrichiennes porta Clément XIII à renouveler en faveur de Marie-Thérèse et de ses successeurs, le titre de roi ou de reine apostolique, que le pape Sylvestre II avait donné à saint Étienne.

La campagne de 1759 s'ouvrit avec une fureur nouvelle de la part des parties belligérantes. Elle fut heureuse pour Marie-Thérèse, dont les troupes étaient nombreuses et dans le meilleur état. Ses alliés soutenaient toujours la cause de sa maison avec le plus grand zèle. La czarine redoublait ses préparatifs ; la Suède faisait de généreux efforts et les États catholiques d'Allemagne fournissaient avec empressement leur contingent. Mais la France prodigua surtout les secours à son ancienne rivale, devenue son alliée. Le cardinal de Bernis avait été disgracié dans les derniers jours de l'année précédente, parce qu'il s'était montré favorable à la paix, et le marquis de Stainville, créé duc de Choiseul, l'avait remplacé au ministère des affaires étrangères. Personnellement attaché aux princes de la maison de Lorraine-Autriche, ce ministre conclut avec l'impératrice-reine (30 décembre 1758) un traité qui convertit l'alliance défensive de 1756 en une alliance offensive. Ainsi une animosité de plusieurs siècles faisait place au concert le plus intime.

Au commencement d'avril, le prince Ferdinand, dont l'armée avait reçu un renfort de troupes anglaises, se mit en marche afin de surprendre les Français dans leurs quartiers d'hiver aux environs de Francfort. Le duc de Broglie rassembla en trente-six heures toutes ses troupes qui montaient à 25,000 hommes et fit tête à une armée de 40,000 combattants. Malgré cette énorme disproportion de forces, il fut vainqueur du prince Ferdinand, à Bergen (13 avril), et le força de se retirer avec beaucoup de perte. Le succès de cette bataille, dans laquelle fut tué le prince d'Isenbourg, couvrit de gloire le duc de Broglie. L'empereur le créa prince d'empire, et Louis XV lui donna le bâton de maréchal de France.

Le maréchal de Contades était à Paris quand fut livrée la bataille de Bergen. Il se hâta de revenir à l'armée, passa ensuite le Rhin, se joignit à Giessen, sur la Lahn, avec les troupes de Broglie, et poussa devant lui les alliés jusque dans la Hesse. Le maréchal de Broglie s'empara de Cassel et de Minden où il établit son quartier général. En même temps, un autre corps, détaché à gauche, prit Munster qui avait une garnison de 4,000 hommes (25 juillet 1759). Mais le prince Ferdinand ayant trompé les Français par une retraite simulée, Contades abandonna une position excellente pour attaquer un détachement qu'il avait laissé au village de Todenhausen. Au plus fort de la mêlée, Ferdinand tombe sur les troupes du maréchal, près de Minden, les enfonce et les met en déroute, après leur avoir tué 7,000 hommes (1er août). Dans sa fuite précipitée sur Cassel, Contades fut poursuivi pendant plusieurs jours, perdit encore beaucoup de monde. Chassés de la Hesse, les Français reprirent leurs cantonnements près de Francfort.

De son côté, Frédéric, trop inférieur en forces, se tient d'abord sur la défensive, temporise, et se contente d'observer Daun en Silésie. Mais les

Russes, après avoir défait le général Wedel à Zullichau, ou près du village de Kai, dans le duché de Crossen (23 juillet), s'étant emparés de Francfort sur l'Oder et menaçant Berlin, le roi résolut d'arrêter leurs progrès. Il se mit à la tête de tout ce qu'il put rassembler de troupes et vint leur présenter la bataille près de Kunersdorf (12 août). Les Russes et les Autrichiens, réunis sous les généraux Soltikoff et Loudon, formaient une armée d'environ 80,000 hommes; Frédéric n'en avait que la moitié. La bataille fut très-meurtrière. Les grandes batteries des Prussiens, dressées sur des monticules voisins de la position formidable que les ennemis occupaient, foudroyèrent leurs retranchements à un tel point qu'ils n'étaient plus tenables.

L'infanterie avait remporté une victoire qui paraissait décisive et pris 180 canons, lorsque, voulant écraser tout à fait les Russes et pousser plus loin ses avantages, malgré les exhortations de ses généraux, il tenta de forcer les retranchements élevés près de Judenberg. Mais les Russes opposèrent une vigoureuse résistance. Loudon, qui n'avait pas encore combattu, se mit en mouvement avec ses Autrichiens et rétablit les affaires. Il ordonne de charger à mitraille une batterie dressée sur le mont, la fait jouer contre les Prussiens qui se portaient en avant pour s'en emparer, tombe lui-même sur leurs derrières et jette le désordre dans leurs rangs. Sept fois durant l'action Frédéric retourne à la charge avec de nouvelles troupes, et il est toujours repoussé avec une perte considérable. Enfin une terreur panique s'empare de ses soldats accablés de lassitude et de chaleur, et il se retire laissant 18,495 hommes tués ou blessés sur le champ de bataille, ainsi que 3,000 prisonniers, 30 drapeaux et presque toute son artillerie entre les mains des Austro-Russes. Le roi eut deux chevaux tués sous lui, ses habits percés par les balles, et sans les courageux efforts de ses hussards, il serait tombé au pouvoir de l'ennemi. Les Russes avaient éprouvé une perte considérable; ce qui fit dire à Soltikoff : « Si je gagne encore une pareille bataille, je serai obligé d'en porter seul, avec un bâton à la main, la nouvelle à Saint-Pétersbourg. »

« Qu'on voie à quoi tiennent les victoires ! » écrit Frédéric, en donnant quelques détails sur la journée de Kunersdorf. Il avait regardé le succès comme assuré, et au milieu de la bataille il avait envoyé ce billet à la reine : « Nous avons chassé les Russes de leurs retranchements; et sous deux heures nous aurons triomphé complètement. » Après l'action il écrivit ces mots : « Éloignez de Berlin la famille royale, faites porter les archives à Postdam, et que la capitale s'accommode avec l'ennemi. » C'en était fait des Prussiens si les Russes avaient su profiter de leurs succès, mais la haine qui régnait entre leurs généraux et les Autrichiens les en empêcha. Au lieu d'agir avec la vigueur nécessaire et de poursuivre l'ennemi ainsi que le demandait Loudon, ils laissèrent au roi le temps de reprendre de nouvelles forces. Les reproches du maréchal-Daun à Soltikoff n'eurent pas plus de succès. « J'en ai fait assez cette année, lui répondit le général russe. J'ai gagné deux batailles qui coûtent 27,000 hommes à la Russie. J'attends, pour continuer mes opérations, que vous ayez remporté deux victoires à votre tour; car il n'est pas juste que les troupes de ma souveraine agissent seules. » Cependant les Autrichiens et les Russes ne tardèrent pas à se réconcilier, et les deux généraux arrêtèrent leurs opérations ultérieures dans une entrevue à Guben.

Pendant ce temps, l'armée des cercles commandée par le prince Frédéric de Deux-Ponts, avait pris Leipsick, Torgau et Wittemberg. Elle s'empara aussi de Dresde le 5 septembre suivant; le général Schmettau, qui commandait dans cette place, en sortit après un siége de vingt-sept jours, avec la garnison, son artillerie, ses bagages et la caisse militaire qui contenait 5,000,000 de couronnes, fruit des contributions de la Saxe. A la nouvelle de ce succès, Daun, au lieu de joindre les Russes, se porta de la Silésie dans l'électorat. Frédéric sut mettre cette faute à profit; ses habiles manœuvres et celles du prince Henri, son frère, empêchèrent la jonction des Russes et des Autrichiens; les premiers, irrités de l'abandon de leurs alliés et souffrant d'ailleurs beaucoup du manque de vivres, continuèrent leur marche vers la Pologne.

Frédéric alla ensuite se mettre à la tête de son armée en Saxe, pour reprendre Dresde. Dans la persuasion que le maréchal Daun voulait se retirer en Bohême, il détacha le général Finck avec 18,000 hommes à Maxen, afin de lui couper les défilés. Cette manœuvre, qui aurait pu être funeste à un général ordinaire, fournit au maréchal l'occasion d'une brillante victoire. Il conçut, en effet, le hardi projet de surprendre les troupes envoyées à Maxen et l'exécuta avec autant d'habileté que de promptitude. Investi par 40,000 hommes, Finck fut obligé, le 21 novembre, après une vigoureuse résistance, de se rendre prisonnier de guerre avec tout son corps et huit généraux. Un avantage si marqué n'eut cependant aucune suite décisive. Daun se contenta de contenir le roi de Prusse qui fit d'inutiles efforts pour reprendre la capitale de l'électorat dont il restait maître.

Les troupes de l'impératrice-reine, sous la conduite du maréchal Daun, avaient acquis sur les Prussiens une supériorité décidée. Frédéric, ému de ses revers et fatigué de cette lutte interminable, ne parait plus que les coups des généraux de Marie-Thérèse, tous animés du même zèle pour la gloire de ses armes, et dont l'attachement à leur souveraine avait fait autant de héros. Par sa résistance à leurs efforts, il se couvrait de gloire, il est vrai; mais cette guerre ravageait ses États depuis deux ou trois campagnes, et la Saxe, épuisée d'hommes et d'argent, ne lui était plus d'aucun secours. Malgré le subside de l'Angleterre, il ne pouvait suffire aux frais d'hostilités si ruineuses. « Ce sont des travaux d'Hercule, écrivait-il, que j'ai à faire dans un âge où la force m'abandonne et où l'espoir commence à me manquer. »

Au mois d'avril 1760, le maréchal Daun occupa le camp de Pirna, d'où il observa les mouvements de Frédéric II. Il avait donné l'ordre à ses officiers généraux d'attendre l'arrivée des Russes pour agir. Mais Loudon, ayant quitté Olmutz, entra dans la basse Silésie et bloqua Glatz. Après une suite de savantes manœuvres, il attaqua le camp retranché du général Fouquet, que le roi avait détaché avec 9,000 hommes, pour garder les défilés de Landshut. Huit montagnes contiguës, et auxquelles on communiquait par des lignes palissadées, semblaient devoir mettre les Prussiens à l'abri de toute insulte. Mais ils furent bientôt chassés de leurs retranchements et poursuivis par l'intrépide Loudon. Forcé de toutes parts, Fouquet veut du moins échapper à son ennemi. Il rassemble un corps de grenadiers, en forme un bataillon carré, se place au centre, et pousse à travers les Autrichiens pour s'ouvrir un passage et s'échapper. Ressource inutile! le bataillon est enfoncé et taillé en pièces, Fouquet blessé et obligé de se rendre prisonnier de guerre avec 8,000 hommes qui lui restaient (23 juin). Le vainqueur retourna aussitôt vers Glatz.

Instruit dans le même temps de la défaite du corps de Fouquet et de l'entrée des Russes en Silésie, Frédéric envoya le prince Henri dans les environs de l'Oder et décampa lui-même afin d'avoir la facilité de réunir les deux armées. Le maréchal Daun leva aussi son camp pour éclairer la marche des Prussiens. Le roi, voyant le maréchal en Silésie, revient brusquement sur Dresde, canonne et bombarde cette ville avec un fracas épouvantable. Dresde souffrit beaucoup et perdit un grand nombre de ses plus beaux édifices. Mais le général Maquire, chargé du commandement de la place, se défendit avec le plus grand courage en attendant les secours du maréchal Daun. Le septième jour de l'investissement, celui-ci parut, y jeta un renfort de 12,000 hommes et prit position sur les hauteurs voisines de la rive droite de l'Elbe.

Sur ces entrefaites, Glatz ouvrit ses portes à Loudon (25 juillet). Il avait espéré trouver les Russes près de Breslau, et prendre cette ville qu'il bombarda, mais il rencontra le prince Henri avec des forces supérieures et se retira. Les Russes arrivèrent enfin sur l'Oder ; leur dessein était de se réunir à l'armée du maréchal Daun. Le roi, qui craignait la perte de la Silésie, y accourut de la Saxe ; sa marche fut harcelée par Daun qui le précédait comme une avant-garde, tandis qu'il était suivi par Lascy, général plein de vigueur et de résolution, auquel le feld-maréchal aimait à confier les missions les plus importantes et les plus délicates. Frédéric s'avança jusqu'à Liegnitz, où il se vit cerné par des forces presque triples. Dans une position aussi critique, il cherchait un moyen de retraite, lorsqu'il profita d'un faux mouvement de Loudon sur Liegnitz pour lui faire éprouver une déroute complète (15 août). Cette victoire permit au roi de rétablir la communication avec Breslau et d'opérer sa jonction avec le prince Henri.

Depuis la Saint-Barthélemy, 23,000 Russes, sous la conduite du général Demidoff, assiégeaient Colberg, tandis que 27 de leurs vaisseaux, auxquels s'était réunie une escadre suédoise, blo-

quaient cette ville par mer. Elle était défendue
par le brave major Heyden. Le général Werner,
détaché de lá Silésie, à la tête de 5,000 hommes,
attaqua les assiégeants le sabre à la main, et leur
inspira une telle frayeur, qu'abandonnant leurs
camps et leurs canons, ils se réfugièrent sur la
flotte qui leva l'ancre et gagna la haute mer
(18 septembre).

Afin d'obliger le roi de Prusse de quitter la Silésie, Daun fit marcher contre Berlin 20,000 Russes
et 15,000 Autrichiens sous Tchernicheff et Lascy.
Le prince Eugène de Wirtemberg, qui faisait dans
la Poméranie la guerre aux Suédois, s'empressa
de voler avec 5,000 combattants à la défense de
cette capitale, mais il se retira devant les forces
supérieures de l'ennemi. Les Russes entrèrent le
9 octobre dans Berlin, que sa grande étendue et
son manque de fortifications ne permettaient pas
de défendre avec succès. Ils y levèrent une forte
contribution et se retirèrent au bout de huit jours
sur le bruit de l'approche de Frédéric.

Ainsi que le maréchal Daun l'avait prévu, le
roi quitta précipitamment la Silésie pour voler au
secours de sa capitale. Informé que les alliés en
étaient sortis, il tourna aussitôt vers la Saxe, dont
la possession était à ses yeux de la plus haute importance. Après avoir repoussé l'armée des cercles,
repris Leipsick et Wittemberg, il voulut chasser

Daun, le Fabius des Autrichiens, de la position avantageuse qu'il occupait à Torgau, et vint l'y attaquer (3 novembre). Des deux côtés on fit des efforts extraordinaires. Quatre cents canons plantés sur des batteries, reçurent les Prussiens et anéantirent leur corps de grenadiers. Leurs colonnes revinrent plusieurs fois à la charge sans pouvoir entamer les Autrichiens, et furent repoussés jusqu'au bois de Domnitz. Daun, quoique blessé dangereusement à la cuisse, se montra partout, combattit à la tête des siens, et maintint son avantage. Tous les efforts de Frédéric, déterminé à vaincre ou à mourir, devinrent inutiles. A la dernière attaque, il eut la poitrine effleurée d'un coup de feu, et le margrave Charles reçut une contusion.

A la vue de ses troupes en désordre, le roi crut la bataille perdue, et résolut de profiter de la nuit pour se retirer. Daun, que la douleur de sa blessure obligea de s'éloigner aussi, laissa le commandement à Buccow et se fit porter à Torgau, d'où il dépêcha aussitôt des courriers à Vienne pour y annoncer la nouvelle d'une victoire complète. Mais en son absence on négligea les précautions nécessaires, et l'un des généraux prussiens, Ziéthen, détaché pour combattre le corps de Lascy, rétablit les affaires de Frédéric. La bataille recommença et dura dans l'obscurité jusqu'à dix heures. La nuit fut horrible, les soldats des deux armées étaient mêlés, souffrant également du froid, de la faim et de la soif, tournant leurs armes les uns contre les autres dès qu'ils se reconnaissaient; le champ de bataille, couvert de blessés que personne ne pouvait secourir et que des brigands dépouillaient (1). Après avoir tenté vainement de repousser Ziéthen, qui bientôt fut joint par le roi, les Autrichiens passèrent l'Elbe et se dirigèrent sur Dresde. Au point du jour, Frédéric se vit seul. Il avait perdu 14,000 hommes de sa meilleure infanterie et un grand nombre d'officiers supérieurs. 12,000 Autrichiens avaient été tués et 8,000 faits prisonniers. Les vainqueurs recouvrèrent toute la Saxe, excepté Dresde. Les Suédois furent repoussés jusqu'à Stralsund, et les Russes, informés de la défaite de leurs alliés à Torgau, reprirent leurs quartiers d'hiver en Pologne.

De l'aveu du roi lui-même, les Prussiens ne durent leur victoire qu'à la blessure que Daun avait reçue. Pour ce motif, la réputation du maréchal n'en souffrit point, et lorsqu'il se rendit à Vienne, Marie-Thérèse alla en personne à sa rencontre, à la distance de deux milles, et lui prodi-

____

(1) Schœll, *Cours d'histoire des États européens*, t. 38.

gua de plus grands honneurs qu'après ses succès les plus éclatants.

Le revers qu'avaient éprouvé les armes autrichiennes à la fin de la campagne de Saxe ne fut compensé par aucune action décisive du côté de la Westphalie. Le maréchal de Broglie envahit de nouveau la Hesse avec une armée de 120,000 hommes, sans que le prince Ferdinand pût l'arrêter. La victoire de Corbach, où le secondèrent habilement les comtes de Saint-Germain et de Guerchy (10 juillet), le rendit maître des frontières de la Hesse, et prépara la prise de Cassel et de Minden par le comte de Lusace. Le prince Ferdinand, qui voyait avec inquiétude les progrès des Français, ne voulut cependant pas risquer une bataille, mais il détacha le prince héréditaire pour faire une puissante diversion sur le Rhin ; celui-ci, vers la fin de septembre, se rendit maître de Clèves et de Rheinberg, et entreprit le siége de Wesel. De Broglie envoya contre ce prince le marquis de Castries qui le battit à Clostercamp, lieu fameux par le dévouement du chevalier d'Assas (16 octobre). Cet avantage força le détachement du bas Rhin à lever le siége, afin de rétrograder sur l'armée de Brunswick. Le maréchal de Broglie se maintint pendant l'hiver dans la Hesse et dans le Hanovre.

Georges II venait de terminer son long règne

(25 octobre). Ce monarque eut pour successeur Georges III, son petit-fils, né en Angleterre, et qui, sous le double rapport de la politique et du caractère, différait infiniment de son aïeul. Ce prince, aussi pacifique par habitude que par principe, exprima cependant au parlement la résolution de pousser avec vigueur les opérations militaires; mais les sentiments bien connus du nouveau souverain et la confiance qu'il accordait à lord Bute ranimèrent les espérances des partisans de la paix. Marie-Thérèse vit aussi avec satisfaction la révolution qui commençait dans le cabinet britannique, et les sentiments de la cour d'Espagne envers la maison d'Autriche. Charles III penchait en faveur de l'impératrice-reine qui avait donné son adhésion à l'ordre de succession établi pour son royaume de Naples et de Sicile. Le mariage de sa nièce, l'infante Élisabeth-Marie, princesse de Parme, qui épousa l'archiduc Joseph (7 septembre) confirma ces dispositions (1).

Pendant l'hiver de 1761, lorsque ses armées se reposaient des fatigues de la campagne, Marie-Thérèse voulut témoigner par un acte public à toutes ses troupes, combien elle était satisfaite de leurs services. Elle ne se contenta pas de donner à leur courage et à leur zèle les éloges qu'ils mé-

____

(1) Coxe, t. 5.

ritaient, elle rendit encore le sort des soldats plus heureux, en augmentant leur ration d'une livre de farine par jour. Sensible aux malheurs dont les habitants de Dresde avaient été accablés depuis le commencement des hostilités, elle envoya dans cette capitale des sommes considérables destinées à réparer les pertes qu'ils avaient *éprouvées. Ainsi l'impératrice-reine, en veillant avec son conseil aux préparatifs de la campagne prochaine, répandait sur ceux qui devaient en supporter les fatigues, des bienfaits propres à leur en adoucir les travaux.

Dès le mois de février, le prince Ferdinand, renforcé par un corps que lui avait envoyé le roi de Prusse, essaya de chasser les Français de la Hesse et mit le siége devant Cassel. Le maréchal de Broglie recula en désordre et ne s'arrêta qu'à Hanau. Là, il rassembla son armée, marcha sur la Lahn, remporta un avantage sur ce prince, auquel il fit 2,000 prisonniers, et enleva 13 pièces de canon et 19 drapeaux. Il força ensuite l'ennemi à repasser la Dimel, et reprit sa position de Cassel. Le combat de Willighausen, près de la Lippe, ne fut pas si heureux. Ferdinand contraignit les Français à la retraite avec perte de 6,000 hommes. Le prince de Soubise et le maréchal de Broglie, qui s'accusaient réciproquement de cette honteuse défaite, se séparèrent; le premier rétrograda sur le bas Rhin ; le second vers la Hesse. L'habile Ferdinand les empêcha d'établir, comme ils se l'étaient proposé, leur communication avec les Impériaux.

L'Europe avait alors les yeux fixés sur la Silésie, où les Russes arrivèrent plus tôt que dans les campagnes précédentes. Mais cet autre théâtre de la guerre ne fut pas plus fécond en évènements. Frédéric, qui n'avait plus que des troupes jeunes, mauvaises, recrutées à grands frais parmi tous les aventuriers de l'Allemagne, parut avoir changé son extrême hardiesse contre la circonspection de Daun, et se tint continuellement sur la défensive. Il courait le risque d'être accablé par ses ennemis, mais il fut sauvé par leurs fautes. Tandis que Daun se contentait d'occuper Dresde et les environs, Loudon opéra sa jonction avec les Russes dans la Silésie, et le roi se trouva enveloppé dans le camp de Bunzelwitz par 130,000 hommes, auxquels il ne pouvait en opposer que 50,000. Malgré la force de ses retranchements protégés par des collines, des rivières, des marais, par des palissades dont les rangs se croisaient, et plus de 450 pièces de canon, il était perdu, lorsque le général russe Boutourlin et Loudon, en pleine dispute, se séparèrent.

Après leur départ, Frédéric était sorti de son camp afin de se rapprocher de ses magasins de

Neiss. Loudon profite de ce mouvement; il se présente devant la ville de Schweidnitz, et attaque si brusquement les ouvrages extérieurs, qu'on peut à peine se servir du canon pour tâcher de l'éloigner. Dans un moment tout est emporté. Loudon marche au glacis, descend dans le fossé, escalade les remparts, et arrive au milieu de la place sans donner le temps au commandant Zastrow de proposer une capitulation. Zastrow est fait prisonnier de guerre avec les 3,000 hommes qui composaient la garnison (1er octobre). Les Autrichiens trouvèrent dans la ville 200 pièces de canon, des magasins immenses d'armes et d'habits, et beaucoup d'argent.

De leur côté, les Russes, sous la conduite de Roumanzoff, et appuyés par une flotte à laquelle s'étaient réunies quatorze voiles suédoises, s'emparèrent de Colberg qu'ils assiégeaient depuis longtemps (16 décembre). Ils purent alors hiverner dans la Prusse et se procurer des subsistances sans leur faire traverser la Pologne.

Consterné des pertes qu'il venait d'essuyer, Frédéric se rendit à Breslau où il ordonna d'achever les retranchements d'un camp commencé pendant la dernière campagne. Il se déroba à toute société pour se livrer à sa douleur, et parut déterminé à finir ses jours avec gloire sous les murs de la capitale de la Silésie. Tout annonçait, en effet, pour l'année suivante une campagne terrible et décisive. Les affaires de l'impératrice-reine se trouvaient dans une situation plus heureuse qu'à toute autre époque de la guerre. William Pitt, l'admirateur du roi de Prusse, ne faisait plus partie du cabinet britannique. Le pacte de famille qui unissait les branches diverses de la maison de Bourbon, attirait sur la scène des combats un nouvel acteur disposé à soutenir la France et l'Autriche. Car l'Angleterre, n'ayant pu obtenir de la cour de Madrid la communication de ce plan d'étroite solidarité, conçu par le duc de Choiseul et signé le 15 août, avait déclaré la guerre à l'Espagne (4 janvier 1762) et entraîné le Portugal dans son alliance contre la maison de Bourbon.

Les alliés allaient recommencer la campagne, appuyés sur les places de Colberg, de Schweidnitz et de Dresde, qui leur donnaient la possession de la Prusse, de la Silésie et de la Saxe, et tout semblait présager la fin de la monarchie prussienne, lorsqu'elle se vit délivrée du péril imminent qui la menaçait. L'impératrice de Russie, Élisabeth, morte le 5 janvier de cette année, eut pour successeur son neveu, Pierre III, qui, dans sa première jeunesse, avait visité la cour de Berlin. Ce prince avait été ravi d'admiration à la vue de l'armée du roi et avait conçu pour lui les sentiments de la plus vive amitié. Il abandonna non seulement les rangs de ses ennemis, mais embrassa son alliance et envoya l'ordre à son armée de 20,000 hommes, qui s'était retirée en Pologne, de se réunir aux troupes de Frédéric. La Suède suivit l'exemple de la Russie, et conclut avec lui une suspension d'armes, et bientôt la paix.

Frédéric, que cette heureuse révolution remplit d'une joie égale au désespoir que lui avaient inspiré ses revers, sortit de sa retraite, reprit sa manière de vivre accoutumée et se hâta de concentrer toutes ses troupes en Silésie. Quoique Marie-Thérèse eût diminué son armée, elle se montra néanmoins résolue à continuer la guerre contre la Prusse et la Russie, afin de pouvoir au moins conserver Glatz et Schweidnitz. Pendant que Frédéric prenait ses mesures pour couper la communication entre cette dernière ville et Daun qui la couvrait avec son armée, Pierre III fut déposé, assassiné et remplacé sur le trône par Catherine d'Anhalt son épouse (9 juillet). L'impératrice Catherine II confirma la paix avec le roi de Prusse, mais elle se déclara neutre et rappela ses troupes.

Cette nouvelle fut un coup de foudre pour Frédéric. Il ne changea cependant rien à son plan de campagne et porta toute son attention sur la ville de Schweidnitz. Afin de se préparer le moyen de l'investir, il sut éloigner le feld-maréchal de cette place que défendaient le général comte de Guasco,

officier plein de bravoure et d'expérience, et l'un
des plus grands ingénieurs de son époque, le général français Vaquette de Gribeauval. Après avoir
trompé les Autrichiens sur son véritable dessein,
il parut tout à coup devant Schweidnitz et en
forma le siége. Daun accourut aussitôt au secours de la ville et se conduisit avec la même
habileté que devant Dresde et Olmutz, mais il ne
fut pas aussi heureux. Frédéric avait employé
toutes les ressources de l'art pour retrancher son
camp. Le maréchal tenta plusieurs fois de le
forcer, sans pouvoir y réussir. Le comte de
Guasco se défendait avec une intrépidité digne
d'éloges. Enfin, un accident rendit le roi de
Prusse maître de la place. Un obus, en tombant
dans le laboratoire du fort de Javernick, mit le
feu aux poudres, et le fit sauter avec 300 grenadiers. Il n'était plus possible, après cette cata-
strophe, de tenir contre les assiégeants ; le comte
de Guasco fut obligé de se rendre prisonnier de
guerre avec la garnison composée de 9,000
hommes. Lorsqu'il alla saluer le roi, à la tête de
tous les officiers qui avaient défendu la place :
« Messieurs, leur dit Frédéric, vous avez donné
un bel exemple à imiter à ceux qui auront à défendre des places ; votre défense me coûte plus
de 8,000 hommes. »

Ainsi finit la campagne de Silésie, province que

ne put jamais recouvrer la maison d'Autriche. Il ne se passa plus rien d'important entre les armées des parties belligérantes. L'objet des généraux autrichiens fut d'empêcher les troupes de Frédéric d'entrer dans la Bohême par la Saxe. L'armée de l'empire aux ordres du prince Stolberg, obtint sur les Prussiens quelques avantages qui furent tous effacés par la victoire que le prince Henri remporta le 29 octobre. Il attaqua les Impériaux à Freyberg, força leurs retranchements, et les battit avec perte de 3,000 hommes, tués et blessés, de 4,000 prisonniers, de quelques drapeaux et de 24 pièces de canon. Un corps de troupes prussiennes, détaché contre la Bohême, réduisit en cendres la ville d'Egra, et s'avança jusque sous les murs de Prague, tandis qu'un autre corps, traversant la Saxe, pénétrait au cœur de l'Allemagne, jetait l'épouvante à Ratisbonne où la diète était en séance, et contraignait Nuremberg et plusieurs autres villes à la neutralité.

Sur l'autre théâtre de la guerre, les alliés de l'Autriche n'étaient guère plus heureux. Le prince Ferdinand battit à Grebenstein les maréchaux d'Estrées et Soubise (24 juin). Tout le corps de M. de Stainville, qui se sacrifia généreusement pour empêcher la déroute totale de l'armée, fut enveloppé et défait. Alors Soubise rétrograda sur Cassel et sur Francfort. Il répara cet échec par l'avantage qu'il remporta, le 30 août suivant, sur le prince héréditaire de Brunswick, à Johannesberg. Cette victoire permit à l'armée du bas Rhin, sous les ordres du prince de Condé, d'opérer sa jonction avec celle de Soubise, et les Français reprirent l'offensive. Ils laissèrent cependant Ferdinand assiéger et prendre Cassel (7 novembre); ils allaient être chassés de la Hesse, lorsque la signature des préliminaires de paix mit fin aux hostilités.

Les rois de Prusse et d'Angleterre avaient témoigné, dès l'année 1760, le désir de la paix. La France, qui se voyait enlever par sa rivale tous ses établissements dans les autres parties du monde, s'était montrée disposée à un arrangement; mais l'impératrice-reine avait fait avorter cette première tentative de pacification, dans l'espoir d'écraser Frédéric II sous le poids de la coalition et de recouvrer la Silésie. Les années suivantes, de nouvelles et infructueuses négociations eurent encore lieu, jusqu'au moment où la défection de la Russie et de la Suède enleva aux confédérés l'espoir de la ruine prochaine et facile du héros prussien. La France et l'Angleterre se retirèrent alors de la lutte et signèrent à Fontainebleau des préliminaires de paix (3 novembre). Marie-Thérèse et Frédéric restèrent seuls sur le champ de bataille. Mais l'impératrice-reine, à la-

quelle la révolution de Russie n'avait pas procuré
les avantages qu'elle en avait espérés, semblait
moins éloignée de la paix. En voyant ses États
héréditaires exposés aux incursions de son infatigable ennemi, la Hongrie menacée par les
Turcs, l'embarras de ses finances, la défection de
ses alliés, la terreur qu'éprouvaient divers États
d'Allemagne, elle se décida enfin à traiter, et fit
adresser des propositions à Frédéric par l'inter-
médiaire du roi de Saxe. Elles furent accueillies, et
des conférences s'ouvrirent au château d'Hubertsbourg, non loin de Dresde. Par le traité conclu
le 15 février 1763 entre la Prusse, l'Autriche et la
Saxe, après une discussion de peu de durée, Frédéric garda la Silésie et le comté de Glatz, et promit sa voix pour faire élire Joseph, fils aîné de
Marie, comme roi des Romains ; l'électeur roi de
Pologne recouvra ses États; la Suède dut évacuer
la Poméranie prussienne.

La pacification d'Hubertsbourg, qui mit fin à
la guerre de Sept ans, rétablit, en Allemagne, les
choses dans l'état où elles étaient au commencement des hostilités. L'Autriche et la Prusse ne retirèrent d'autre avantage des flots de sang qu'elles
avaient répandus et des sommes immenses qu'elles
avaient dépensées, que d'avoir mesuré leurs forces
et conçu le désir salutaire de ne point renouveler
une lutte si terrible. Cette guerre eut pour résul-

tat l'élévation de la Prusse au rang de puissance de premier ordre, non par sa force matérielle, mais par la force d'opinion que lui donna la lutte inégale qu'elle avait soutenue. Marie-Thérèse, qui se résignait à l'abandon de la Silésie et à la perte de son influence sur l'Allemagne du nord, eut encore la douleur de voir l'attachement de ses alliés pour elle leur devenir funeste. La Saxe épuisée pourrait-elle guérir les blessures faites à ses provinces? D'énormes contributions avaient ruiné les États d'Allemagne dévoués à la cause de l'Autriche. La France, après avoir dépensé 1,000,000,000 fr. et 200,000 hommes, expiait la faute qu'elle avait commise en négligeant sa marine pour se mêler aux troubles du continent, par le sacrifice de ses plus riches colonies et l'agrandissement de l'Angleterre qui, souveraine de l'Océan et maîtresse de l'Amérique, pouvait jeter en sécurité les fondements de son merveilleux empire de l'Inde.

« Si nous examinons, dit Frédéric II dans son *Histoire de la guerre de Sept ans*, les causes qui ont tourné les évènements d'une manière si inattendue, nous trouverons que les raisons suivantes empêchèrent la perte des Prussiens : le défaut d'accord et le manque d'harmonie entre les puissances de la grande alliance ; leurs intérêts différents qui les empêchaient de convenir de certaines opérations ; le peu d'union entre les généraux russes et autrichiens, qui les rendait circonspects lorsque l'occasion exigeait qu'ils agissent avec vigueur pour écraser la Prusse, comme ils l'auraient pu faire effectivement ; la politique trop raffinée et quintessenciée de la cour de Vienne, dont les principes la conduisaient à charger ses alliés des entreprises les plus difficiles et les plus hasardeuses, pour conserver à la fin de la guerre son armée en meilleur état et plus complète que celle des autres puissances : d'où, à différentes reprises, il résulta que les généraux autrichiens, par une circonspection outrée, négligèrent de donner le coup de grâce aux Prussiens, lorsque leurs affaires étaient dans un état désespéré ; la mort de l'impératrice de Russie, avec laquelle l'alliance de l'Autriche fut ensevelie dans un même tombeau ; la défection des Russes et l'alliance de Pierre III avec le roi de Prusse, et enfin les secours que cet empereur envoya en Silésie.

« D'un autre côté, si nous examinons les causes des pertes que les Français firent dans cette guerre, nous observerons la faute qu'ils commirent de se mêler des troubles de l'Allemagne. L'espèce de guerre qu'ils faisaient aux Anglais était maritime ; ils prirent le change, et négligèrent cet objet principal pour courir après un objet étranger, qui proprement ne les regardait point.

Ils avaient eu jusqu'alors des avantages sur mer contre les Anglais ; mais, dès que leur attention fut distraite par la guerre de terre ferme, dès que les armées d'Allemagne absorbèrent tous les fonds qu'ils auraient dû employer à augmenter leurs flottes, leur marine vint à manquer des choses nécessaires, et les Anglais gagnèrent un ascendant qui les rendit vainqueurs dans les quatre parties du monde. D'ailleurs les sommes excessives que Louis XV payait en subsides, et celles que coûtait l'entretien des armées d'Allemagne, sortaient du royaume, ce qui diminua de la moitié la quantité des espèces qui étaient en circulation tant à Paris que dans les provinces ; et, pour comble d'humiliation, les généraux dont la cour fit choix pour commander ses armées, et qui se croyaient des Turennes, firent des fautes très-grossières.

« On ne peut, dit encore le même auteur, se représenter l'état de la Prusse, à la fin de la guerre de Sept ans, que sous l'image d'un homme criblé de blessures, affaibli par la perte de son sang, et près de succomber sous le poids de ses souffrances. La noblesse était dans l'épuisement, le petit peuple ruiné, nombre de villages brûlés, beaucoup de villes détruites. Une anarchie complète avait bouleversé tout l'ordre de la police et du gouvernement. En un mot, la désolation était générale... L'armée ne se trouvait pas dans une

meilleure situation : dix-sept batailles avaient fait
périr la fleur des officiers et des soldats. Les régiments étaient délabrés et composés en partie de
déserteurs ou de prisonniers. L'ordre avait disparu
et la discipline était relâchée au point que nos
vieux corps d'infanterie ne valaient pas mieux
qu'une nouvelle milice. »

Tant de maux avaient appris à Frédéric à détes-
ter le métier de conquérant. « Je ne sais si je survi-
vrai à cette guerre, écrivait-il en 1760 au marquis
d'Argens, mais je suis bien résolu, au cas que cela
m'arrive, de passer le reste de mes jours dans la
retraite, au sein de la philosophie et de l'amitié. »
En effet, il renonça franchement à la carrière des
combats, et, instruit par tant de revers, il conclut
une alliance étroite avec la Russie.

Dès que le roi fut rentré dans sa capitale, il résolut de mettre en jeu tous les ressorts de sa volonté et de son intelligence pour réparer tous les
désastres occasionnés par une si longue guerre.
La Silésie, cause et prix de la lutte, en avait aussi
le plus souffert ; elle se ressentit principalement
de ses bienfaits. Tous les habitants, évêques,
prêtres, chapitres, couvents, princes, nobles et
bourgeois furent soumis au même impôt. Le souverain paya la taille comme le dernier de ses
sujets. Les anciennes forteresses furent rétablies,
et l'on en construisit de nouvelles. Frédéric II

rebâtit quinze villes considérables, peupla plus de trois cents villages, et rendit à la culture une foule de terres demeurées en friche depuis longues années. En moins de quinze ans, la population de la Silésie excéda de 60,000 âmes au moins celle qui existait avant 1756. La sollicitude du roi s'étendit sur le royaume entier, et tout en blâmant sa vanité de vouloir tout entreprendre par lui-même, et qui lui fit commettre plus d'une erreur dans son administration, on ne peut qu'applaudir à la sagesse de ses règlements pour tout ce qui concerne la guerre, à l'admirable organisation de son armée, à ses efforts pour augmenter la liberté civile et le bien-être des paysans, à ses réformes de jurisprudence, aux améliorations introduites dans toutes les autres parties du gouvernement, aux encouragements continuels donnés, sous son règne, à l'agriculture et à l'instruction de son peuple.

CHAPITRE V.

L'empereur Joseph II. — Gouvernement de Marie-Thérèse.

Après avoir tracé rapidement le tableau de la guerre de Sept ans, nous aimons à porter nos regards sur la plus belle partie du règne de Marie-Thérèse ; sur ces temps heureux où, délivrée d'une lutte qu'elle avait soutenue avec tant de gloire, elle se livrait tout entière à sa bienfaisance et s'efforçait d'assurer le bonheur de ses peuples par de sages règlements. La paix n'était pas encore signée, et l'impératrice-reine s'occupait déjà des moyens de réparer les maux inséparables de la guerre même la plus heureuse, par la protection qu'elle accordait dans ses États héréditaires aux manufactures nationales. Alors elle renouvela les défenses qui avaient été faites en 1749, d'introduire dans ses États aucune étoffe de soie riche, de fabrique étrangère. On déclara aux marchands qu'on n'accorderait plus de passe-ports pour cet objet de commerce, comme on l'avait établi avant que les manufactures pussent suffire à la consommation intérieure. Dès que le traité de paix eut rendu le calme à ses sujets, une multitude de réformes, d'institutions et de lois sages prouvèrent la sollicitude de Marie-Thérèse pour leur bonheur.

Au milieu de ces occupations si dignes d'une souveraine, l'impératrice-reine ressentit la plus vive douleur de la perte de l'archiduchesse infante Isabelle de Parme, qui mourut au mois de novembre de la petite vérole. L'archiduc Joseph, son époux, n'avait pas voulu la quitter depuis le commencement de la maladie jusqu'à son dernier moment. Il était inconsolable de la mort de cette princesse qu'il aimait tendrement, et il ne trouva de soulagement à son chagrin que dans la vive affection de sa mère.

Le roi de Prusse avait promis par la paix de Hubertsbourg de concourir à l'élection de l'archiduc Joseph comme roi des Romains. Cette élection eut lieu sans aucune opposition, à Francfort, le 27 mars 1764. Le prince fit son entrée solennelle dans cette ville où il fut couronné, le 3 avril suivant, avec les formalités d'usage. L'empereur conduisit lui-même son fils à Francfort et jouit avec lui des témoignages de joie que le peuple laissa éclater dans cette auguste cérémonie. La douceur et l'affabilité du jeune roi donnaient à la nation allemande les plus grandes espérances. Quel triomphe pour Marie-Thérèse ! Après tant d'années de calamités, elle se trouvait heureuse et fière de placer sur la tête d'un rejeton de son sang cette couronne impériale que tant d'ennemis conjurés contre elle avaient tenté d'enlever à sa maison. Ses vœux étaient enfin accomplis : la maison d'Autriche, prête à s'éteindre, allait revivre dans son fils. Cette tendre mère eut encore la satisfaction de lui voir former de nouveaux nœuds avec la princesse Marie-Joséphine Antoinette de Bavière.

Peu de temps après, son second fils, l'archiduc Léopold, épousait à Inspruck l'infante d'Espagne, Marie-Louise. La cour s'était transportée dans cette ville; et Marie-Thérèse, réunie à l'empereur et à sa famille, y jouissait du bonheur de ses enfants et du sien, lorsqu'au milieu des fêtes données à l'occasion de ce mariage, une mort inopinée lui enleva son époux. Depuis quelque temps François Ier était menacé d'apoplexie, et il se persuadait que l'air épais des vallées du Tyrol augmentait l'indisposition qu'il ressentait. Comme l'empereur Albert Ier, il exprima plusieurs fois le plus vif désir de retourner à Vienne, et à la vue des montagnes dont la ville d'Inspruck est entourée, il s'écria : « Ah ! si je pouvais seulement sortir de ces montagnes du Tyrol ! » Le 18 août au matin, la princesse Charlotte, abbesse de Remiremont, sa sœur, le pressa de se faire saigner. Il lui répondit : « Je dois souper ce soir avec Joseph ; je ne veux pas le désobliger ; mais je vous promets que demain je suivrai votre conseil. » Le même jour, il se trouva mal à l'opéra, et à peine en fut-il sorti, que, frappé d'un coup d'apoplexie, il rendit le dernier soupir entre les bras du roi des Romains. Ce prince était âgé de cinquante-huit ans.

François Ier était d'un caractère jovial et affable, sans ambition, mais aussi dépourvu de cette dignité qui aurait convenu à son rang élevé. Il était ami de l'humanité, bienfaiteur des pauvres auxquels il distribuait, tous les ans, des sommes considérables, protecteur éclairé des arts et des sciences, dont, à l'exemple de ses ancêtres, il cultiva quelques[branches avec prédilection. Vienne lui doit l'établissement d'un cabinet d'histoire naturelle et de médailles, aussi riche qu'aucun autre[en Europe. Il favorisa surtout le commerce et les manufactures. Quoiqu'il n'eût pas les grandes qualités de son épouse, il lui était supérieur en un point : il avait plus de tolérance, et en matière de religion, il recommanda toujours de préférer la persuasion à la violence. La victoire de Cornéa qu'il remporta sur les Turcs, lorsqu'il n'était encore que grand-duc de Toscane, prouva qu'il n'avait point dégénéré du sang de Charles V, duc de Lorraine, et de celui du duc Léopold son père. Il se fit toujours un bonheur de partager avec son auguste épouse les sentiments d'humanité qui ont mérité à l'un et à l'autre le titre glorieux de *Pères des peuples*. Son amour pour ses sujets, qui l'adoraient, ne connaissait point de bornes, et les plus grands dangers pour sa personne n'en arrêtaient jamais un moment les effets. Le signal d'un incendie devenait pour lui le cri d'un enfant chéri qui appelle à son aide le père le plus tendre. Il volait à l'endroit où sa présence était nécessaire, et souvent son activité, sa pru-

dence et sa présence d'esprit avaient écarté le danger, avant que ceux mêmes qui étaient chargés d'y veiller en fussent instruits.

Les habitants de Vienne se souviendront long-temps de ce jour affreux où l'on vit, au cœur de l'hiver, un débordement du Danube inonder un des faubourgs. Plusieurs malheureux avaient cherché un refuge sur le toit de leurs maisons submergées. Depuis trois jours ils manquaient de nourriture. La violence du courant de ce fleuve impétueux et les énormes glaçons qu'il charriait, ne leur laissaient entrevoir qu'une mort inévitable. Les bateliers les plus intrépides refusaient de leur porter du secours, malgré les récompenses qui leur étaient promises. François Ier entre lui-même dans une barque, affronte le danger et parvient à la rive opposée. Après avoir encouragé ces infortunés qu'il rappelait à la vie, après leur avoir distribué des secours, il revient au bruit des acclamations d'un peuple qui fond en larmes. Son exemple est suivi, et l'on sauve une foule de malheureux qui allaient périr.

Marie-Thérèse sentit profondément la perte de son ami d'enfance, de son compagnon, qui, presque toujours d'accord avec elle, avait partagé ses peines, et avait pendant quarante-deux ans été cher à son cœur. Elle trouvait un douloureux plaisir à fixer ses pensées sur les qualités aimables de son époux. Elle prépara de ses propres mains le linceul dans lequel il fut enveloppé. Une de ses femmes l'ayant surprise occupée de cette triste tâche, elle lui ordonna de ne point en parler, et ce secret n'a été révélé qu'après sa mort (1). Elle ne quitta jamais le deuil pendant toute sa vie. Pour satisfaire sa douleur et sa piété, elle fonda, dans la ville d'Inspruck, un chapitre de douze chanoinesses, dont la fonction était de prier pour le repos de l'âme de l'empereur. Souvent elle visita le caveau des capucins où furent déposés ses restes, et où son propre tombeau était déjà ouvert. Elle passa désormais dans la retraite et la prière, au château de Schœnbrünn, tout le mois d'août de chaque année. De seize enfants qu'elle avait eus de François Ier, quatre fils et six filles lui survécurent; les plus jeunes étaient âgés de neuf à dix ans. La direction de leur éducation était l'occupation la plus chère de son cœur.

Chaque jour, Marie-Thérèse leur donnait des exemples d'humanité et de bienfaisance. Elle était à Laxembourg, lorsqu'elle reçut un message de la part d'une femme âgée de cent huit ans, qui, pendant plusieurs années, n'avait pas manqué de se présenter le jeudi saint afin d'être admise parmi

______

(1) Coxe, *Hist. de la maison d'Autriche*, t. 5.

les pauvres auxquels l'impératrice-reine lavait les pieds. Depuis deux ans, ses infirmités l'avaient empêchée de se rendre au palais ; elle fit dire à l'impératrice qu'elle avait le plus vif regret de n'avoir pu se trouver à cette pieuse cérémonie, *non à cause de l'honneur qu'elle aurait reçu, mais parce qu'elle avait été privée du bonheur de voir une souveraine adorée.* Marie-Thérèse, touchée du message et des sentiments de la pauvre femme, s'empressa d'aller la visiter dans le village qu'elle habitait. Elle ne dédaigna pas d'entrer sous un misérable toit ; elle la trouva sur un grabat où la retenaient des infirmités, compagnes inséparables de l'âge. *Vous regrettez de ne m'avoir point vue,* lui dit avec bonté cette généreuse princesse, *consolez-vous, ma bonne, je viens vous voir.* La présence de l'impératrice et ses paroles touchantes produisirent une profonde impression sur la vieille femme. Ses yeux se baignèrent de larmes, et il lui fut impossible d'exprimer sa reconnaissance. Elle tendait ses mains jointes et tremblantes du côté de sa souveraine, et la regardait comme un ange envoyé du ciel pour la consoler dans ses peines. L'auguste princesse, attendrie de l'attitude respectueuse de la pauvre infirme, conversa longtemps avec elle, et lui laissa en se retirant la somme d'argent nécessaire pour subvenir à ses besoins.

En vertu de son titre de roi des Romains, Joseph II prit celui d'empereur, mais il n'hérita de son père que du comté de Falkenstein. Léopold, second fils de François et de Marie-Thérèse, fut reconnu grand-duc de Toscane, conformément à l'acte de succession promulgué en 1763 et à la résolution de l'impératrice-reine de fonder plusieurs lignes dans sa maison afin d'en prévenir l'extinction.

Le lendemain de la mort de François Ier, le nouvel empereur écrivit aux archiduchesses ses sœurs, restées à Schœnbrünn, une lettre qui donne la plus haute idée de son âme : « Pardonnez, très-chères sœurs, si, dans l'excès de la douleur qui m'accable, et au milieu des occupations dont je me trouve chargé, je m'adresse à vous toutes à la fois. Nous venons d'être frappés du coup le plus funeste qui pût nous menacer. Nous perdons le plus tendre des pères, et notre meilleur ami. Soumettez-vous aux décrets de la Providence; prions Dieu sans cesse pour le repos de son âme, et redoublons d'attachement pour notre auguste mère, le seul bien qui nous reste; sa conservation fait mon unique soin dans ces affreux moments. Si toute l'amitié d'un frère, qui ne saurait plus vous l'offrir, puisque vous la possédez depuis longtemps, peut vous être de quelque utilité, ordonnez-en, je trouverai du soulagement à vous servir. Je vous embrasse toutes et ne demande que de la compassion pour le plus malheureux fils.

« Votre très-humble serviteur et frère. »

Deux jours après, Joseph écrivit encore au prince Batthyan, son gouverneur : « Il est au-dessus de la puissance de l'homme de peindre l'extrême douleur et la violence des sentiments qu'un fils éprouve à la mort d'un père dont il était sûr d'être aimé. Dans le moment des souffrances terribles qui me frappèrent, je n'oubliai pas ma mère ; mais que pouvaient les consolations d'un fils dont le cœur était brisé ? Pouvaient-elles être une compensation au malheur que lui inflige la destinée ? Mon père avait la plus tendre affection pour moi ; il était mon précepteur, mon ami, et le plus grand prince de sa maison, digne de la confiance de sa famille et de celle de son peuple. J'ai à présent vingt-quatre ans : la Providence a déjà jeté de grandes douleurs sur mes jours, lorsque jé perdis mon épouse, que je n'avais possédée que trois ans. Chère Élise ! ton souvenir né s'effacera jamais de ma mémoire, et depuis ta mort j'ai beaucoup souffert. Vous avez conduit ma jeunesse, sous vos auspices je suis devenu homme, venez au secours du souverain pour que je puisse porter le fardeau des devoirs que mes destinées m'ont imposés, et conservez votre cœur pour votre ami Joseph. (1) »

François Ier avait été corégent des royaumes et des États héréditaires de son épouse; après sa mort, l'impératrice-reine, considérant qu'elle allait se trouver chargée elle seule de tout le poids du gouvernement, résolut de partager ce fardeau avec l'empereur, son fils et son héritier. Elle le déclara donc corégent et lui abandonna tout ce qui regardait l'administration militaire, dans laquelle il fit de grandes améliorations. Mais dans toutes les autres branches, elle se réserva, comme pendant la vie de son époux, la décision des affaires.

Le nouvel empereur Joseph II était doué d'une rare intelligence, et l'éducation avait perfectionné son jugement. Dans les premières années de son enfance, on n'avait pas conçu de lui de grandes espérances. Elles parurent se reposer sur son frère cadet Charles-Joseph, qui mourut en 1761. « Mon Joseph n'est pas obéissant, disait souvent Marie-Thérèse, il est trop remuant et trop distrait. » Son gouverneur était cependant parvenu à se concilier son affection. Mais on n'avait pas eu la prudence d'inspirer, par une douce persévérance, des habitudes d'ordre au jeune prince livré

____

(1) Pfister, *Hist. d'Allemagne*, t. 10.

à ses penchants. A sa susceptibilité et à son obstination, on opposa de l'obstination et des caprices; ainsi se forma peu à peu ce caractère auquel on reprocha plus tard des actes extravagants. Les grands évènements de la guerre de Sept ans le tirèrent de l'engourdissement d'esprit où il semblait plongé. Il avait alors seize ans. Les exploits du roi de Prusse enflammèrent son imagination et firent naître en lui le désir de marcher sur les traces du redoutable ennemi de la maison d'Autriche. Il sollicita de l'impératrice-reine la permission de servir contre les Prussiens. Il ne put l'obtenir et retomba dans son inertie.

Lorsque la mort de son père le fit asseoir sur le trône impérial et nommer corégent, Joseph II déploya toute l'activité de son caractère. Il était prompt à décider et dominé par un excessif amour-propre. Son impétuosité naturelle s'augmentait par les obstacles qu'il rencontrait sur son chemin, et il montrait peu de persévérance. A l'ardeur infatigable pour le travail il joignait l'amour de la gloire, qui a distingué les plus illustres de ses ancêtres. On louait déjà sa simplicité populaire sans être affectée, son mépris pour l'ostentation, son éloignement pour les hommages publics, son attention à chercher le mérite et à le récompenser par des dons ou une familiarité noble, son attachement à ceux qu'il aimait, la vie frugale à laquelle il s'était soumis, sa politesse et son enjouement dans la société, sa conversation pleine d'agrément et de vivacité. On raconte plusieurs traits par lesquels Joseph signala de bonne heure sa clémence. Un employé au bureau de Saint-Polsen avait soustrait 600 fr. à sa caisse et fut condamné à mort vers la fin de l'année 1765. Mais l'empereur, informé que le coupable, père d'une nombreuse famille, n'avait pour toute subsistance que 200 florins d'appointements annuels, et persuadé qu'il avait commis ce larcin plutôt par indigence que par mauvaise inclination, lui pardonna son crime, le rétablit dans son emploi et augmenta ses appointements jusqu'à 500 florins.

Marie-Thérèse, après avoir donné quelque temps à sa juste douleur, reprit avec une force nouvelle les rênes de l'État, de concert avec l'empereur son fils. Ce prince assistait à tous les conseils et apprenait de sa mère l'art si difficile de gouverner les peuples. Il entra dans toutes les vues de l'impératrice-reine et lui rendit plus léger le poids des affaires. A cette époque, Marie-Thérèse fonda un grand nombre de maisons d'éducation pour des enfants de toutes les classes de la société; elle réforma les écoles publiques et ordonna que des prix fussent distribués aux étudiants qui auraient fait les plus grands progrès ou qui se seraient le plus distingués par leur conduite.

Elle fixa des récompenses pour ceux qui perfectionnaient une branche quelconque d'industrie, tourna particulièrement son attention vers l'agriculture, et institua à Milan une société chargée de distribuer des prix aux agriculteurs qui auraient fait produire le plus à leurs terres. L'impératrice-reine établit aussi à Vienne une académie de gravure (1766). Cette académie reçut l'année suivante au nombre de ses membres les archiduchesses Marie-Anne et Marie-Charlotte-Louise. La première de ces princesses fit remettre, pour sa réception, une tête de femme gravée de sa main sur une pierre sanguine; et la seconde, un dessin fait au crayon.

Pendant que Marie-Thérèse se livrait dans sa capitale aux soins du gouvernement et qu'elle présidait avec une assiduité infatigable à ses conseils, Joseph II passa une partie de cette année à visiter les États héréditaires, depuis la Bohême jusque dans le Bannat. Il voulut voir par lui-même les manœuvres des troupes, l'état des fortifications, celui des manufactures. Accompagné d'une suite peu nombreuse, ce prince voyagea sans aucun faste, mais laissa partout sur son passage des marques de sa bienfaisance et de sa générosité. Il se montra accessible pour tous sans distinction; les plus faibles furent écoutés dans leurs plaintes et vengés des injustices de l'oppression.

Les habitants de la haute Silésie lui adressèrent quelques observations relatives au dépérissement de leur commerce. Il les reçut avec bienveillance et leur promit d'employer les moyens les plus prompts et les plus sûrs pour le rétablir.

Au milieu de ces soins divers, un coup affreux vint encore frapper Joseph II. L'impératrice son épouse fut attaquée de la petite vérole, et la malignité de la maladie inspira les plus vives inquiétudes. Marie-Thérèse, qui était alors à Schœnbrünn, fut informée de l'état de sa belle-fille; elle accourut la voir et resta auprès d'elle. Sa tendresse et son attachement pour cette princesse l'empêchèrent d'apercevoir le danger auquel elle s'exposait. Le lendemain, une fièvre violente s'empara d'elle, et quelques jours après la petite vérole se déclara. La mort de l'impératrice Joseph (28 mai 1767), en accablant l'empereur de chagrin, augmenta les inquiétudes que causait la maladie de sa mère. Lorsqu'on sut que ses jours étaient menacés, ce fut une désolation générale à Vienne et dans l'empire. Les églises, remplies d'une foule innombrable de citoyens de tout rang et de tout âge, confondus sans distinction de condition ni d'état, retentirent de gémissements et de ferventes prières. Dans les rues de la capitale, un morne silence annonçait l'effroi des habitants, et les portes du palais étaient sans cesse assiégées par une multitude empressée de connaître l'état de l'impératrice-reine. Pendant quatre jours, les médecins semblèrent désespérer de sa vie. Mais la force de sa constitution triompha du mal, et, d'une extrême douleur, le peuple passa subitement à une joie inexprimable. Son heureuse convalescence et bientôt sa parfaite guérison permirent à ses sujets d'espérer encore des jours heureux sous sa prudente administration.

Lorsque Marie-Thérèse fut entièrement rétablie, elle témoigna surtout au peuple de Vienne combien elle était sensible à son attachement. Elle exempta de la capitation les deux dernières classes des habitants, et elle poussa la générosité jusqu'à rembourser, sur les deniers de sa propre caisse, ceux qui avaient déjà payé le dernier terme de cette imposition. Ceux de ses officiers qui l'avaient servie pendant sa maladie, reçurent des preuves de sa reconnaissance; elle leur fit à tous des présents magnifiques. Elle envoya son portrait au baron Van-Swieten, son premier médecin. Bientôt après, l'ordre de la noblesse du Tyrol, appréciant les soins intelligents que cet illustre élève de Boerhaave avait donnés à l'impératrice-reine, s'empressa de l'agréger à son ordre. Les arts célébrèrent aussi l'heureux rétablissement de leur protectrice ; on frappa une médaille où le nom de *mère de la patrie*, qu'elle méritait à si juste titre, lui fut solennellement décerné.

A peine les alarmes causées par le danger de Marie-Thérèse avaient-elles disparu, que la même maladie lui enleva l'archiduchesse Joseph-Gabrielle qui était dans la fleur de la jeunesse et de la beauté. Les vertus, les grâces naturelles et les qualités aimables de cette princesse justifiaient les regrets de la famille impériale et du peuple de Vienne. Les circonstances dans lesquelles elle mourut rendirent encore sa perte plus douloureuse. Elle avait été fiancée le 8 août de cette année au roi des Deux-Siciles, Ferdinand IV; le mariage devait être célébré le 14, et son départ pour Naples était déjà fixé. La jeune princesse, afin de jouir de la triste satisfaction d'arroser de ses pleurs la cendre de son père, descendit dans le caveau où était déposé le corps de ce prince. Dans le trouble d'esprit qu'elle éprouva, elle fut aussi saisie de la petite vérole qui la conduisit au tombeau en une semaine, et le jour même où elle devait entreprendre son voyage.

Il semblait que cette horrible contagion, qui avait exercé tant de ravages dans les États héréditaires, se fût attachée opiniâtrément à la famille impériale, car l'archiduchesse Élisabeth en fut encore attaquée, peu de jours après la mort de sa sœur. Plus heureuse que Joseph-Gabrielle, elle se rétablit, et Marie-Thérèse vit bientôt se dissiper les nouvelles inquiétudes dont son cœur était déchiré. Elle prit alors la résolution de faire inoculer ceux de ses enfants que la maladie avait épargnés, et ordonna des expériences réitérées de cette pratique salutaire; ces expériences furent couronnées des résultats les plus heureux.

On doit compter parmi les bienfaits de l'impératrice-reine la fondation d'un hôpital pour l'inoculation de la petite vérole. Lorsque ceux de ses enfants qu'elle avait soumis à cette épreuve, eurent été guéris, elle célébra leur rétablissement en faisant donner à dîner, dans la grande galerie de son château de Schœnbrünn, à soixante-cinq petits garçons et petites filles qui avaient subi le traitement de l'inoculation à l'hôpital ouvert par sa générosité. Marie-Thérèse elle-même, les archiducs et les archiduchesses servirent ces enfants à table, et leur donnèrent 1 écu de la valeur de 2 florins à chacun, avec la desserte et le couvert. Les parents furent ensuite servis à une autre table, aussi dans le château. Pour compléter cette charmante fête, après le dîner il y eut comédie allemande, puis des fêtes qui se prolongèrent jusqu'à la nuit.

Pour se distraire du chagrin que lui causait la perte de sa seconde épouse, et étudier les besoins de ses peuples, Joseph II entreprit le voyage d'Italie (1769). Il ne voulut absolument recevoir à

Rome aucune visite ni aucuns présents. Assidu aux assemblées que la noblesse convoqua pendant son séjour dans cette ville, il conversa familièrement avec tous ceux qui s'y trouvèrent. A Livourne, on vit ce prince monter sur deux frégates anglaises arrivées dans le port, en examiner la construction, les parcourir avec les matelots, auxquels il adressait de nombreuses questions sur leur métier. Son séjour à Parme, où il visita le collége des nobles, l'académie, la bibliothèque et les autres établissements d'utilité publique, fait époque dans l'histoire de cette ville. L'infant, voulant éterniser la mémoire de son alliance avec l'empereur et des sentiments réciproques de joie et d'affection dont leur entrevue avait été accompagnée, fit élever au milieu de la grande place de Parme un monument en marbre blanc, sous la forme d'un autel antique dédié à l'amitié. Les inscriptions gravées sur les différentes faces de ce monument, constataient l'alliance de ces deux princes, leur amitié et le voyage de Joseph, dont il devait bientôt épouser une des sœurs, l'archiduchesse Amélie.

Dès son arrivée à Milan, l'empereur fit publier qu'il donnerait audience tous les matins pendant deux heures et recevrait toutes les requêtes qui lui seraient présentées. Il consacrait l'après-midi au travail du cabinet avec les ministres du gouvernement. Il avait vu le reste de l'Italie comme observateur et comme voyageur, il reprit en Lombardie les occupations et le travail d'un monarque. Il y écoutait et transmettait ensuite à la cour de Vienne les plaintes des habitants de cette province sur les vexations commises par les officiers chargés de la perception des impôts. Le souverain leur donnait aussi des preuves de sa bienfaisance; il diminua de 200,000 florins les impôts qui se percevaient chaque année dans le pays. Deux ans après, l'impératrice-reine abolit toutes les fermes de ses finances et domaines dans la Lombardie autrichienne et y substitua une régie dont elle confia la direction à un corps de conseillers. Afin de simplifier les autres branches de l'administration financière, elle diminua le nombre des différentes caisses de manière que la trésorerie générale devînt le centre de toute recette et dépense. Elle créa une chambre des comptes, sur le modèle de celle des Pays-Bas autrichiens, pour surveiller cette administration et la trésorerie elle-même. Chaque semaine devait se tenir une réunion composée de plusieurs ministres des divers départements et chargée du soin de perfectionner le système de la législation, relativement aux opérations de la chambre des comptes et à celles de la direction des finances. Marie-Thérèse voulut qu'on l'informât avec exactitude de tout ce qui serait proposé et arrêté dans ces assemblées.

L'impératrice-reine et Louis XV, animés du désir de resserrer encore les liens de l'amitié qui les unissait depuis le traité de 1756, résolurent de terminer pour toujours, et conformément aux dernières conventions, les contestations qui avaient jadis existé entre eux touchant leurs possessions respectives dans les Pays-Bas. La bonne foi, de part et d'autre, dicta les articles de cet accord. Les deux puissances consultèrent de concert leurs convenances mutuelles, et fixèrent les limites de leurs États en Flandre (mai 1769).

Quelques mois après, Joseph II eut une entrevue avec Frédéric II à Neiss en Silésie (25 août). Cette entrevue paraît n'avoir eu, de la part de l'empereur, d'autre but que de se concilier la faveur du roi dont il admirait les grandes qualités. Frédéric dit à Joseph qu'il considérait ce jour comme le plus beau de sa vie, puisqu'il devenait l'époque d'une union entre deux maisons qui avaient été trop longtemps désunies, et dont l'intérêt véritable était plutôt de se soutenir mutuellement que de s'entre-détruire. Le fils de Marie-Thérèse lui répondit : « Il n'y a plus de Silésie pour l'Autriche. » Les deux souverains convinrent, à ce qu'on assure, qu'ils réuniraient leurs efforts pour maintenir en Allemagne une entière neutralité, si la guerre venait à s'allumer entre la France et l'Angleterre. Ils résolurent aussi de terminer, sans l'intervention de leurs ministres, toutes les contestations qui pourraient survenir entre eux.

L'impératrice-reine, qui avait comblé des distinctions les plus flatteuses le baron Van-Swieten, ne tarda pas à mettre le sceau à tous ses bienfaits envers ce grand homme. Elle l'avait déjà décoré de l'ordre de Saint-Étienne; il était président du collége de médecine, bibliothécaire et directeur général des études des États héréditaires. Ces honneurs ne suffirent point à la reconnaissance de Marie-Thérèse; elle voulut lui élever un monument qui attestât à la postérité la protection qu'elle accordait aux sciences et aux arts, en donnant la plus haute idée du mérite de l'illustre médecin. Elle fit placer dans la salle principale de l'université de Vienne le buste du baron en bronze, posé sur un piédestal de marbre avec l'inscription la plus honorable et la plus flatteuse pour Van-Swieten. Elle le proposait comme modèle à tous ceux de ses sujets qui se livraient à la même étude.

Au reste, le mérite, de quelque espèce qu'il fût, était accueilli favorablement et récompensé avec magnificence. Marie-Thérèse a fait connaître combien elle estimait la science, en assistant souvent elle-même aux exercices des colléges qu'elle avait fondés, pour y exciter l'émulation des élèves, maintenir la vigilance et le zèle des professeurs. Les soins particuliers que cette tendre mère donna à l'éducation et à l'instruction de ses enfants, en sont une autre preuve incontestable. Elle poussa cette attention jusqu'au point d'exiger que les archiducs soutinssent des exercices publics sur les objets de leurs études.

Vers cette même époque, Kaunitz, qui regardait l'alliance française comme le chef-d'œuvre de sa politique et la chérissait comme sa création, négocia avec le duc de Choiseul un mariage par lequel ces deux ministres croyaient cimenter à jamais la réconciliation des maisons d'Autriche et de Bourbon, celui du Dauphin avec l'archiduchesse Marie-Antoinette, née à Vienne le 2 novembre 1755. Cette princesse avait profité de l'éducation qu'elle avait reçue pour acquérir des connaissances variées. Elle parlait le français avec pureté et l'italien comme sa langue naturelle. Elle savait le latin et possédait parfaitement l'histoire et la géographie. Personne ne jugeait avec un goût plus sûr que le sien des productions de tous les arts, et surtout de celles de la musique. La nature lui avait accordé les grâces et la beauté, une taille majestueuse et beaucoup d'agrément dans le port de sa tête, une rare élégance dans toute sa personne, et un sourire enchanteur. Généreuse, douce, prévenante, douée d'une âme sensible et bienfaisante, Marie-Antoinette se distinguait, comme sa mère, par l'affabilité de ses manières, par la force et la constance dans les sentiments.

Après s'être arrachée des bras de l'impératrice-reine, la jeune archiduchesse partit pour Strasbourg, où elle arriva dans les premiers jours de mai 1770. Son départ avait fait couler bien des larmes à Vienne; mais son voyage, depuis les frontières de France jusqu'à Paris, fut comme un triomphe continuel. Partout le peuple lui prodigua les témoignages de la joie que lui inspirait la vue de l'épouse de son maître futur. L'accueil qu'elle reçut de la cour de Louis XV ne fut pas moins flatteur pour elle. Le 16 mai, toute la capitale s'émut de joie et d'amour au mariage de la belle et gracieuse fille de Marie-Thérèse avec le dauphin Louis-Auguste, dont elle devait plus tard adoucir et partager les infortunes.

L'archiduchesse Marie-Antoinette avait à peine quitté la cour de Vienne, que l'empereur partait pour la Hongrie, où il se faisait admirer par son assiduité au travail et par sa bienfaisance. De son côté, Marie-Thérèse créait de nouveaux établissements dans ses États héréditaires, réformait les abus qui lui étaient signalés, et, afin de faciliter l'approvisionnement des provinces qui souffraient de la cherté des grains, levait par une sage ordonnance tous les droits qui pouvaient mettre des entraves à leur libre circulation. Les habitants de la campagne reconnurent les vues bienfaisantes de la *mère de la patrie* dans une autre ordonnance que nous rapportons en son entier. On jugera que si elle laissa dans le temps quelque restriction à la liberté qu'elle accordait aux cultivateurs de se défendre contre le gibier, c'est qu'alors il était impossible de mieux faire dans le pays soumis aux lois de l'impératrice-reine.

« Comme nous sommes invariablement portée à procurer l'abondance des vivres, à veiller à tout ce qui peut contribuer à la culture de la terre, et à abolir tout ce qui est contraire, nous avons pris en considération le dommage notable qui est occasionné aux gens de la campagne, qui vivent principalement de la culture pénible de leurs fonds, par le nombre excessif des sangliers qu'on laisse augmenter en plusieurs endroits, malgré tout ce qui a déjà été statué à cet égard. Pour ôter donc à nos fidèles sujets ces motifs de plainte, et faire à cet égard un arrangement solide et permanent, nous voulons et ordonnons qu'à l'avenir il soit fait des parcs si bien fermés, qu'aucun sanglier ne puisse en sortir, et que tous ceux qui seront rencontrés, soit dans les forêts, soit dans les champs, soient regardés comme bêtes féroces, et tués par conséquent en tout temps de l'année.

« Pour que les seigneurs et tous autres ayant droit de chasse aient cependant un terme convenable pour se défaire des sangliers qui existent actuellement, et établir, au cas qu'ils veuillent en conserver, les parcs que nous prescrivons, nous leur accordons, à commencer du 31 décembre de la présente année (1770), le terme d'une année, de manière qu'au 1er janvier 1772 tous ces animaux soient tués ou renfermés.

« Tous possesseurs de chasses seront, après ce temps, tenus de faire tuer tout ce qui s'en trouvera hors des parcs, sans distinction de mois ni de temps de l'année, et ce sur le premier avis qui leur en sera donné, et à peine d'en être comptables ; et, dans le cas de contravention à nos ordres, tous sujets et personnes quelconques en avertiront le capitaine du cercle, qui sans délai apportera du remède à leur plainte ; et tout possesseur de chasse qui y aura contrevenu, sera, outre la restitution du dommage, puni plus sévèrement encore, suivant l'exigence des cas.

« Quant aux cerfs, lesquels seront conservés, il sera permis à tous sujets de clore leurs fonds et héritages par des palissades aussi hautes qu'ils le voudront, mais non terminées en pointes par des fossés ou par des haies vives : à quel effet même il leur sera donné tout secours et toute aisance, à condition néanmoins que les fossés ne soient pas faits de manière que les cerfs puissent y être pris, et que dans les terrains à portée du Danube il soit laissé de distance en distance, et à trois ou quatre cents pas les unes des autres, des ouvertures ou portes qui, lors de la crue de ce fleuve, seront ouvertes, afin que les cerfs puissent s'y réfugier.

« Tout ce qui est ci-dessus aura également lieu à l'égard des fonds situés dans les forêts ; et, quoiqu'il soit libre aux possesseurs de chasses d'acheter ces fonds pour l'entretien de leur gibier, nous voulons cependant qu'ils n'usent à cet égard d'aucune contrainte.

« Comme il nous est d'ailleurs parvenu que les chasseurs ont prescrit aux propriétaires des fonds situés dans des forêts ou dans leurs environs, le temps d'y faucher le foin ou arrière-foin, et qu'ils ont même exigé que la permission leur en fût demandée, nous abolissons cette sujétion, et voulons qu'à cet égard tous et un chacun jouissent d'une pleine et entière liberté. »

C'est avec la plus vive satisfaction que l'on voit ces sages établissements, ces ordonnances qui ont l'équité pour base et dont la félicité publique est le but. Depuis que l'impératrice-reine avait associé Joseph II à la corégence des États héréditaires, la mère et le fils, animés du même zèle, inspirés par la même tendresse, guidés par les mêmes principes, semblaient disputer ensemble de la gloire de se rendre plus chers à leurs peuples.

Le 19 août de cette année, dans le territoire de Posoviz, on découvrit, en présence d'une nombreuse noblesse, au son de différents instruments et au bruit du canon, un monument que le prince Wenceslas de Lichtenstein, seigneur de Posoviz, avait fait élever, en mémoire de ce qu'à pareil jour de l'année précédente, l'empereur, afin d'honorer et d'encourager l'agriculture, avait labouré plusieurs sillons dans le champ où avait été élevé ce monument du plus beau marbre, orné de figures allégoriques et d'inscriptions en l'honneur du fils de François Ier.

Aucun prince n'a fourni à l'histoire autant que Joseph II, de ces traits qui annoncent un caractère heureux et qui donnent les plus hautes espérances de ce qu'il doit faire un jour. On le rencontrait souvent dans les rues de la capitale, vêtu comme un simple particulier, n'ayant pour toute garde que l'amour universel dont il était entouré. Il observait, soulageait les besoins, et opérait des réformes. Il apprenait à juger d'après la voix publique ceux qui ne se montraient souvent à lui que sous le masque de la cour. Il regardait les avis ingénus du peuple comme autant de leçons qui peuvent rendre plus facile l'art du gouvernement. L'infortune trouvait auprès de lui des secours abondants, mais l'infortune n'usurpait jamais avec ce prince aussi économe que bienfaisant les récompenses dues aux services réels. Il savait, dans un âge peu avancé, que l'argent des sujets doit être employé pour leur utilité commune, et qu'à ce grand principe doit être subordonnée la générosité des souverains.

Souvent ce prince se plaisait à chercher l'indigence vertueuse dans l'obscurité, pour la récompenser. Ainsi il entra un jour, sans être attendu, chez un pauvre officier, père d'une nombreuse famille. Il le trouva à table avec dix de ses enfants et un orphelin dont il s'était encore chargé, malgré son indigence. L'empereur, frappé de ce spectacle, dit à l'officier : « Je savais que vous aviez dix enfants, mais quel est le onzième ? — C'est, lui répondit le père, un pauvre orphelin que j'ai trouvé exposé sur la porte de ma maison. » Joseph, attendri jusqu'aux larmes, lui dit : « Je veux que tous ces enfants soient mes pensionnaires, et que vous continuiez de leur donner des exemples de vertu et d'honneur ; je paierai pour chacun 200 florins par an ; faites vous payer dès demain chez mon trésorier, du premier quartier de ces pensions. J'aurai soin de votre aîné qui est lieutenant. »

Dans une de ces promenades où il se plaisait à cacher sa grandeur, il vit une jeune personne qui portait un paquet et paraissait plongée dans la douleur la plus amère. Sa jeunesse et son affliction excitèrent en lui un vif intérêt; il l'aborda avec cet air d'honnêteté touchante dans lequel se laisse entrevoir le respect que les âmes sensibles témoignent toujours à l'infortune. Il lui demanda s'il était possible de savoir sans indiscrétion ce qu'elle portait. La jeune personne, dont le cœur accablé de tristesse éprouvait le besoin de la répandre au dehors, ne put résister longtemps aux instances de l'inconnu qui l'interrogeait. Elle lui dit qu'elle allait vendre quelques vêtements appartenant à sa mère, et ajouta, les larmes aux yeux, que c'était la faible et dernière ressource qui leur restait pour subsister; qu'elle n'aurait jamais dû s'attendre à un pareil sort; qu'elle était fille et sa mère veuve d'un officier qui avait servi avec honneur et distinction dans les troupes de l'empereur, sans avoir obtenu cependant les récompenses qu'il était en droit d'attendre. « Il aurait fallu, lui répondit Joseph, présenter un mémoire à l'empereur. N'êtes-vous connue de personne qui puisse lui recommander votre affaire? » Elle lui nomma un de ces courtisans qui promettent et oublient avec la même facilité; depuis longtemps il s'était chargé de ce soin, et n'avait pu, assurait-il, rien obtenir. L'inutilité de ces démarches avait même inspiré à la pauvre fille des idées désavantageuses de la générosité du monarque, et elle l'avoua avec franchise.

Le prince s'efforça de cacher son émotion et répliqua : « Je suis comme sûr que si l'empereur avait su votre situation, il y aurait apporté remède. Il n'est point tel qu'on vous l'a dépeint. Je le connais, il m'aime et il aime encore plus la justice. Il faut absolument avoir recours à lui. » Il l'engagea donc à faire un mémoire et à le lui apporter le lendemain au château, dans un lieu désigné. « Si les choses sont telles que vous me les avez dites, ajouta-t-il, je présenterai le mémoire et vous-même à l'empereur, j'appuierai votre demande, et j'ose croire que ce ne sera pas en vain. » La jeune fille essuyait ses larmes et se répandait en protestations de reconnaissance pour le seigneur inconnu, quand il lui dit : « En attendant, il ne faut pas vendre vos effets. Combien comptiez-vous en avoir ? — 6 ducats, répondit-elle. — Permettez que je vous en prête 12 jusqu'à ce que nous ayons vu le succès de nos soins. »

A ces mots ils se séparent. La demoiselle court porter à sa mère les 12 ducats, les effets et les espérances qu'un inconnu, qu'un ange de Dieu, un seigneur de la cour, un ami de l'empereur vient de lui donner. A la description qu'elle fait, à la physionomie qu'elle peint, aux discours qu'elle rapporte, la mère reconnaît l'empereur. Sa fille reste alors épouvantée de la liberté avec laquelle elle a parlé à l'empereur de lui-même. Elle n'ose plus se rendre le lendemain au château; ses parents ne peuvent l'y conduire qu'après l'heure indiquée. Elle arrive enfin comme Joseph, impatient de la voir, donnait des ordres pour envoyer chez elle. Elle reconnaît aussitôt son souverain et s'évanouit.

Qu'avait fait le prince dans cet intervalle? Il avait pris des informations exactes auprès des premiers officiers du corps dans lequel avait servi le père de la demoiselle, car il avait eu la précaution de lui demander le nom de ce corps et celui de son père. Il avait trouvé son récit conforme à la vérité, et par ce moyen il s'était assuré que sa bienfaisance ne serait point mal placée.

Lorsque la jeune fille, qu'on avait portée dans un autre appartement, fut revenue à elle-même, l'empereur la fit entrer dans son cabinet avec les parents qui l'avaient accompagnée; il lui remit pour sa mère le brevet d'une pension égale aux appointements dont son père avait joui, et dont la moitié était reversible sur elle, si par malheur elle venait à perdre sa mère. « Mademoiselle, lui dit Joseph II, je prie madame votre mère et vous de me pardonner le retard qui vous a mises dans l'embarras. Vous êtes convaincue qu'il était involontaire de ma part; et si quelqu'un, à l'avenir, vous dit du mal de moi, je vous demande seulement de prendre mon parti. »

Depuis cet évènement, ce prince, réfléchissant combien, malgré ses soins et ses recherches, il pouvait lui arriver d'ignorer de choses, dont il est cependant essentiel qu'un souverain soit instruit, résolut de se rendre accessible à tous ses sujets. Afin de procurer à tous les citoyens, de quelque rang ou de quelque condition qu'ils fussent, la facilité de recourir eux-mêmes à sa justice ou à sa clémence, il fixa un jour par semaine où chacun d'eux, sans distinction de rang, pourrait lui présenter ses requêtes ou ses plaintes. Il défendit à tous les officiers de service auprès de sa personne, d'écarter, ce jour-là, quiconque voudrait se présenter devant lui; il déclara en même temps qu'il entendait rendre justice indistinctement à tous les ordres de l'État. Cette conduite inspira de vives alarmes aux hommes puissants qui s'étaient servis de leur crédit pour opprimer dans le silence des citoyens qui n'avaient pas osé se plaindre, et consola les malheureuses victimes de leur tyrannie.

Quelques années plus tard, le digne successeur de François Ier donna une nouvelle preuve de cette douce sensibilité qui le rendait cher au peuple. Un jour, deux ouvriers, occupés à creuser un puits dans un des faubourgs de Vienne, furent couverts par l'écroulement des terres à environ douze mètres de profondeur. Informé de cet accident, l'empereur se transporte aussitôt sur les lieux, ordonne de travailler sans relâche à la délivrance de ces malheureux, s'arrête une heure entière en cet endroit, encourageant les travailleurs par l'espoir d'une récompense, et consolant par ses largesses et par des expressions pleines de bonté les femmes désolées des deux manœuvres. Inquiet sur le sort de ces infortunés, Joseph revient plusieurs fois exciter par sa présence et ses bienfaits le zèle et l'activité des ouvriers. Après deux jours et deux nuits de travail, et à force de peines et de précaution, on parvint enfin à les retirer. L'un d'eux était sain et sauf, l'autre avait été légèrement blessé, mais dès qu'il vit la lumière, il tomba dans un état d'étourdissement qui le privait de l'usage de la raison. L'empereur donna des ordres pour qu'on en prît le plus grand soin.

Il existait dans les États héréditaires un abus qui fixa l'attention de l'impératrice-reine. Des gens de main-morte trouvaient le moyen de se faire léguer des sommes considérables, des maisons, des terres et d'autres immeubles. Marie-Thérèse pensa qu'il était essentiel d'empêcher les familles d'être injustement frustrées des propriétés dont elles doivent hériter en vertu des liens naturels qui les attachent à leurs parents. Cette princesse, qui unissait à la piété la plus tendre et au zèle le plus ardent pour la religion, une âme courageuse, dégagée de tous les préjugés, ordonna que dans la suite aucune personne consacrée au-service des autels, de quelque qualité qu'elle fût, ne pût jamais être présente quand un testateur dicterait ses dernières volontés (1771).

Après la guerre de Sept ans, et lorsqu'on eut joui pendant un pareil nombre d'années des douceurs de la paix, un nouveau fléau, la disette, vint encore frapper les pauvres habitants de l'Allemagne. Elle fut générale et remplit les plus tristes pages de son histoire. Le mal commença par la mauvaise récolte et s'accrut par le défaut des précautions nécessaires. Dans plusieurs contrées on fut réduit à faire de la farine avec l'écorce des arbres. Il s'ensuivit des maladies qui moissonnèrent un grand nombre de personnes. Beaucoup cherchèrent leur salut dans l'émigration.

La Bohême fut un des États les plus affligés. On y vit des séditions, des vols et des meurtres; en un mot, toutes les horreurs que la famine entraîne toujours après elle. Vers la fin du mois de mai, on manqua absolument de pain pendant deux jours. La populace courut les rues en demandant du pain et maltraita même plusieurs personnes qu'elle accusait d'être les auteurs de la misère publique. Le récit des calamités qui pesaient sur ce pays, affligea profondément l'âme sensible de Marie-Thérèse et de Joseph II. L'empereur voulut connaître par lui-même l'étendue du mal et visita les États héréditaires. Il vit en Bohême des campagnes dévastées, des villages dont la population succombait à la faim ou à des maladies aiguës. Profondément ému des images terribles qui s'offraient à ses regards, il interrogea tous ceux qui pouvaient l'éclairer; souvent même il se déroba au petit nombre de ses serviteurs pour aller discourir avec de simples paysans. Dans ces conversations naïves, il apprit des vérités qu'on aurait voulu en vain lui cacher. On lui prouva que les exacteurs des impôts arrachaient jusqu'à la dernière gerbe du cultivateur affamé, et il ordonna d'arrêter les plus coupables afin de les punir de leurs forfaits.

Mais il ne suffisait pas à Joseph de connaître les motifs de tant de maux, il fallait encore les soulager. Il informa Marie-Thérèse de la triste situation de la Bohême. Sur les ordres précis de l'impératrice-reine, on s'empressa d'envoyer dans ce pays des grains et des farines. Bientôt la route de Vienne à Prague se couvrit de charriots chargés de ces denrées, et les choses commencèrent à reprendre leur cours naturel. De son côté, l'empereur répandit d'une main libérale ses bienfaits sur tous les malades. On fournit des semences aux cultivateurs; une route et des canaux furent ouverts afin de procurer des secours aux indigents. 2,500,000 fr. suffirent cependant aux besoins les plus pressants, la misère diminua et les maladies ne sévirent plus avec autant de violence.

Pendant son séjour à Prague, l'empereur ne voulut pas aller une seule fois au spectacle. « J'ai trop d'affaires pour perdre mon temps à m'amuser, » répondit-il à ceux qui l'y invitaient. Il admettait à sa table les capitaines, même les syndics des cercles, quand il apprenait qu'ils remplissaient dignement leurs devoirs et qu'ils étaient aimés de leurs inférieurs. Son voyage produisit les plus heureux résultats. Depuis longtemps les juifs avaient la plupart des impôts à ferme et commettaient de nombreuses exactions. A son arrivée en Bohême, Joseph reçut contre eux des plaintes dont il reconnut la justice, en fit punir quelques-uns, et rendit compte à l'impératrice-reine. Elle ordonna que dans la suite tous les impôts établis sur les consommations, dans ses États, seraient mis en régie, jamais en ferme, et qu'aucun juif ne pourrait y être employé.

Marie-Thérèse nomma ensuite une commission pour examiner le cours des rivières qui coulent en Autriche et en Bohême, afin de prendre des mesures pour rendre navigables toutes celles que reçoivent le Danube ou l'Elbe. L'objet de cette opération était d'établir des magasins dans les positions qui paraîtraient les plus commodes pour rassembler les vivres à moins de frais et les faire arriver, par eau, dans toutes les parties des provinces héréditaires.

La disette, presque générale en Europe à la fin de cette année, sévit encore dans la Moravie au commencement de la suivante. Joseph II voulut pourvoir aux besoins des habitants de cette province ; il eut soin d'envoyer au comte de Kaunitz qui la gouvernait une somme de 160,000 florins. « Distribuez ceci aux pauvres, lui écrivit-il, ce sont mes épargnes ; elles étaient destinées à mes plaisirs, et elles vont m'en causer un bien sensible. »

Pendant ces deux années si dures pour l'Allemagne, arriva le moment fatal pour la Pologne. L'heure de ce pays avait sonné : après qu'elle eut été divisée, les trois puissances voisines en firent le premier partage. Voyons comment cet évènement se lie à l'histoire de Marie-Thérèse.

Depuis la mort de Jean Sobieski, la maison d'Autriche avait joui d'une grande influence en Pologne. De concert avec la Russie, elle en avait fait décerner la couronne à Auguste II, électeur de Saxe. Le désir de soutenir Auguste III avait fait

perdre à Charles VI plusieurs de ses plus belles
provinces. L'impératrice-reine paraissait également-
ment disposée à favoriser une maison qui s'était
si généreusement dévouée pour ses intérêts.
Lorsque la mort d'Auguste eut rendu le trône
vacant, elle engagea le prince Xavier de Saxe,
second fils du feu roi, à se mettre sur les rangs.
Quelques seigneurs polonais, et entre autres
Stanislas Poniatowski, grand porte-étendard de
Lithuanie, lui disputèrent les suffrages de la diète.
L'impératrice Catherine II, qui voulait placer la
couronne sur la tête de Poniatowski, répandit l'or
à pleines mains pour acheter les électeurs ; puis
elle assembla une armée sur les frontières de la
Pologne et exigea que le choix de la diète tombât
sur un piaste, c'est-à-dire un seigneur polonais.

Mécontente des efforts que faisait la Russie
pour exclure la maison de Saxe et établir son influence en Pologne, Marie-Thérèse déclara qu'elle
était résolue de protéger de tout son pouvoir la
liberté de l'élection. La France ayant fait une déclaration semblable, l'impératrice-reine se prépara à soutenir par la force des armes les prétentions du prince Xavier. Dans le désir d'assurer le
triomphe de son protégé, Catherine parvint à
gagner le roi de Prusse et la Porte-Ottomane. Ces
trois puissances publièrent alors un manifeste
par lequel elles recommandèrent ou plutôt ordon-

nèrent aux Polonais de n'élire qu'un piaste. En présence de cette coalition, Marie-Thérèse cessa, malgré ses préparatifs, de se mêler publiquement des affaires de Pologne, et après l'élection de Poniatowski, qui prit à son couronnement le nom de Stanislas-Auguste, elle rappela de Varsovie son ministre, et se contenta de fomenter secrètement des troubles dans ce royaume.

Le nouveau roi, quoiqu'il dût son élection à Catherine II, désirait de soustraire son pays au joug de la Russie et de corriger les défauts les plus choquants de la constitution. Mais il manquait de la fermeté et des talents nécessaires pour assurer l'exécution de ce dessein. Le peu de réformes qu'il fit excitèrent le mécontentement de la cour de Saint-Pétersbourg et de ceux des seigneurs polonais qui voulaient perpétuer l'anarchie. Attentif à tous les mouvements de ce royaume, Catherine et Frédéric en profitèrent pour ranimer les querelles de religion. Ils se déclarèrent donc protecteurs des dissidents, nom que l'on donnait aux Grecs non unis, aux ariens, aux protestants luthériens et calvinistes, à tous ceux enfin qui ne professaient point la religion catholique. Une diète nationale, convoquée pour examiner les griefs de ces derniers, ne délibéra que sous les armes des Russes. On arrêta les plus exaltés des catholiques, et un comité nommé

par la diète forcée de se dissoudre, et gagné par
les menaces et les présents, rendit leurs priviléges et anciens droits, et rétablit le *liberum veto*.

Accablés sous la tyrannie moscovite, des corps
de catholiques s'assemblèrent sur les confins de
la Turquie et de la Hongrie, et s'emparèrent, en
Podolie, de la forteresse de Bar, qui donna son
nom à la confédération formée pour la défense de
la religion et de la liberté. Marie-Thérèse accorda
son appui aux catholiques, leur permit d'établir
leur quartier général dans ses États. De concert
avec la France et la Porte Ottomane qui avait
renoncé à l'alliance de la Russie, elle leur fournit
des secours en hommes, en armes et en argent.
Mais comme la France, épuisée par la guerre de
Sept ans et par une mauvaise administration, ne
pouvait rien faire pour sauver la Pologne, Marie-
Thérèse craignit d'avoir à lutter seule contre la
Russie et la Prusse, et les confédérés de Bar, abandonnés à leurs propres forces, ne tardèrent pas à
éprouver de grands revers (1768).

Une troupe de confédérés, pour échapper à la
cruauté des Cosaques Zaporogues, avait cherché
un refuge dans la petite ville de Balta soumise au
kan des Tartares. Elle y fut poursuivie par les
Russes, qui incendièrent la ville et tuèrent un
grand nombre de musulmans. Irritée de cette in-
cursion qu'elle considéra comme un acte d'hosti-

lité commis côntre elle-même, la Porte Ottomane déclara la guerre à la Russie. Elle en confia la conduite absolue au kan des Tartares de Crimée, au vaillant et habile *Crim. Gueray* que la mort enleva subitement, lorsqu'il prenait les mesures nécessaires pour la délivrance de la Pologne. Les succès rapides des armes russes engagèrent Marie-Thérèse à prêter une oreille favorable aux propositions du roi de Prusse alarmé aussi de l'ambition de la cour de Saint-Pétersbourg. Depuis longtemps il convoitait la Prusse polonaise ou occidentale, et il cherchait à s'assurer le concours de l'Autriche, dans l'espoir qu'elle se réunirait à lui pour obtenir le consentement de Catherine II.

Dès l'année 1769, Frédéric II avait eu, ainsi que nous l'avons rapporté, une entrevue à Neiss avec l'empereur; il ne fut pas question du démembrement de la Pologne. Mais la cour de Vienne, toujours plus inquiète, fit des magasins en Hongrie et envoya des renforts vers les frontières, et Marie-Thérèse ne dissimula point son intention de prendre part aux hostilités. Dans cette conjoncture on convint d'une nouvelle entrevue. Joseph II, accompagné du prince de Kaunitz, se rendit au campement d'automne de Neustadt, en Moravie, où il reçut la visite de Frédéric II (3 septembre 1770). Le roi et ses généraux avaient revêtu l'uniforme autrichien; en abordant l'empereur, il lui

adressa ce compliment délicat : « J'amène des recrues à Votre Majesté. » Frédéric et Kaunitz eurent
seuls une conférence dans laquelle on insista sur
la nécessité de mettre des bornes aux vues ambi-
tieuses de la Russie. Kaunitz s'efforça d'engager
le monarque prussien à se charger, conjointement avec l'Autriche, d'une médiation armée, afin
de procurer la paix à la Porte. Frédéric écarta
habilement cette proposition et offrit son intervention pour réconcilier les deux impératrices.
S'il faut ajouter foi au récit de Coxe, le roi, à l'entrevue de Neustadt, proposa le partage de la Pologne à l'empereur, et insista sur la nécessité de
porter, par persuasion ou de vive force, la cour
de Saint-Pétersbourg à consentir au démembrement. La carte de la Pologne fut étendue devant
les deux souverains. Suivant un autre historien,
la question de partage n'y fut pas agitée, mais
l'entrevue fut suivie de transactions mystérieuses;
le prince de Kaunitz et l'empereur Joseph furent
les véritables auteurs de cet acte d'iniquité auquel
Marie-Thérèse participa malgré elle.

Le lendemain de la conférence on reçut des
dépêches par lesquelles le sultan Mustapha III
demandait la médiation des deux puissances. La
czarine ne voulait d'aucune intervention de l'Autriche ni dans la guerre des Turcs ni dans les affaires de Pologne, où les catholiques devaient

être protégés. Mais lorsque l'impératrice-reine fit occuper, en 1771, le comté de Zips, comme une ancienne dépendance du royaume de Hongrie, abandonné jadis à la Pologne par Sigismond, à titre d'engagement, en assurant qu'elle ne voulait pas le conserver, et que la Prusse arma ses frontières, Catherine II parut changer de sentiment. Elle déclara au frère du roi de Prusse, le prince Henri, alors à Saint-Pétersbourg, que si la cour de Vienne se permettait de démembrer la Pologne, les puissances voisines suivraient son exemple. Henri rapporta ces paroles au roi ; celui-ci comprit que la czarine abandonnait l'idée de garantir l'intégrité de ce royaume. La Prusse se chargea d'aplanir les dissensions qui séparaient encore Catherine et Marie-Thérèse. Aux menaces du prince de Kaunitz, qui voulait secourir les Turcs et qui craignait que le démembrement de la Pologne ne causât la rupture de l'alliance de l'Autriche avec la France, Frédéric opposa un traité avec la Russie et fit des armements ; par là il gagna la confiance de Catherine. Un partage secret fut signé avec son ministre (17 février 1772), et deux jours après avec Kaunitz. L'impératrice-reine avait surtout résisté à cette violation, dit l'historien Pfister, et les causes par lesquelles elle céda ne jettent aucune tache sur son caractère.

Quant au roi de Prusse, il serait impossible à

ses admirateurs les plus bienveillants de justifier sa participation au premier démembrement
de la Pologne. « Nous ne voulons pas, écrivait-il
lui-même, détailler les droits des trois puissances.
Il fallait des conjonctures singulières pour amener
les esprits à ce point, et les réunir à ce partage. »
De quelle manière, en effet, l'auteur de l'*Anti-Ma-
chiavel* eut-il démontré ses droits à une si indigne
spoliation? Ce crime politique où ce prince ne
voyait qu'un moyen facile d'*arrondir* ses États,
était une violation flagrante du droit des gens,
que l'Europe entière s'empressa de flétrir.

La convention de Saint-Pétersbourg du 5 août
1772 détermina le lot de chaque puissance copar-
tageante; et par le traité de Varsovie du 28 septembre de l'année suivante, la république de
Pologne sanctionna cette spoliation destinée à lui
faire expier ses éternelles dissensions. Marie-Thérèse recouvra donc les treize villes du comté de
Zips, hypothéquées en 1412 à la Pologne, et qui
furent incorporées de nouveau au royaume de
Hongrie. Elle acquit en outre la moitié environ
du palatinat de Cracovie, une partie de ceux de
Sandomir, de Lublin, de Beltz, de Volhinie, de
Podolie, avec la Pokucie et le palatinat de la
Russie-Rouge, vaste étendue de pays fertile, con-
tenant une population de 2,500,000 âmes au
moins. De toutes ces acquisitions on forma un

État particulier sous le nom de royaume de *Galicie et de Lodomérie*. Un de ses principaux avantages était de renfermer les riches mines de sel de Wieliçza, qui rapportaient, chaque année, 2,300,000 fr. à la Pologne.

Catherine II eut, pour sa part, la Livonie polonaise, une partie des palatinats de Witepsk et de Polozh, tout le palatinat de Msislau et les deux extrémités de celui de Minsk. Les districts de la Grande-Pologne, situés en deçà de la Netze, et toute la Prusse polonaise, à l'exception des villes de Dantzick et de Thorn, échurent en partage à Frédéric.

Au mois de juillet 1774, la Russie et la Porte, après une courte négociation, conclurent la paix à Kaïnardji. Marie-Thérèse profita de l'épuisement où se trouvait l'empire ottoman et de ses propres liaisons avec la Russie, pour faire une acquisition importante aux dépens des Turcs. De leur consentement elle avait fait occuper par ses troupes un district de la Moldavie dont les Russes étaient maîtres, afin d'assurer par ce moyen la restitution de cette principauté. Ce district, appelé la Buchovine ou la *forêt rouge*, et situé entre la Galicie et la Transylvanie, avait anciennement fait partie de la Moldavie. L'impératrice-reine en obtint de la Porte la cession formelle par trois conventions, dont la dernière fut signée le 5 février 1777.

Après l'exécution du traité de partage de la Pologne, la monarchie autrichienne se vit dans la situation la plus heureuse. Ses finances étaient en très-bon ordre, et les revenus annuels surpassaient de plusieurs millions les dépenses. L'armée se composait de 200,000 hommes parfaitement exercés et disciplinés. L'agriculture, l'industrie et le commerce étaient florissants. L'ouvrage de Marie-Thérèse était achevé, et elle paraissait n'avoir d'autre désir que de terminer au sein de la paix sa glorieuse carrière. Mais l'empereur son fils, prince ambitieux, d'un génie ardent, brûlait d'employer contre un ennemi digne de lui l'armée que son organisation rendait l'objet de l'admiration de tous les militaires, et de reculer au loin les bornes des États autrichiens. Entre la mère et le fils se trouvait le prince de Kaunitz, délivré, depuis la mort de François Ier, des obstacles qu'opposait jadis à son pouvoir le conseil de conférence qu'il fallait bien consulter, puisque le monarque le présidait. En qualité de premier ministre, il exerçait une influence sans bornes dans les relations avec les puissances étrangères. Grâce à son habileté, il sut maintenir un équilibre parfait entre Marie-Thérèse et Joseph II, dont les caractères et les vues étaient très-opposés et qui ne s'accordaient qu'en une seule chose, dans la confiance qu'ils avaient en lui.

Kaunitz, dont les principaux efforts avaient pour objet d'entretenir l'alliance française, l'avait consolidée en donnant à la France une Dauphine. Mais bientôt arriva l'époque où le lien qui unissait les cours de Versailles et de Vienne commença à se relâcher. Après la chute du duc de Choiseul, renversé par des ennemis puissants, le parti anti-autrichien prit de nouvelles forces et arriva aux affaires avec le duc d'Aiguillon, petit-neveu du cardinal de Richelieu et successeur de Choiseul. Le rapprochement, au moins apparent, entre Frédéric et Marie-Thérèse, et le partage de la Pologne auraient fourni des motifs suffisants à la rupture de cette alliance, si le nouveau ministre n'avait eu assez d'énergie pour s'opposer, les armes à la main, au nouveau système établi par les trois puissances copartageantes en démembrant le royaume de Poniatowski. Peu d'années après, le prince de Kaunitz crut son œuvre à l'abri de toute atteinte, lorsque la fille de l'impératrice-reine monta sur le trône de France (1774). Mais son époux, qui l'adorait, ne lui permit pas de se mêler des affaires, au moins à cette époque, et Louis XVI avait reçu, le jour de son avènement, un mémoire dans lequel son père mourant lui peignait la maison d'Autriche comme l'ennemie naturelle de la France.

Les sentiments de l'époux de Marie-Antoinette

étaient entretenus par le comte de Maurepas, son premier ministre, opposé au parti autrichien, qui fit renvoyer le duc d'Aiguillon, et confier le département des affaires étrangères au comte de Vergennes, homme d'un esprit pénétrant et d'une adresse consommée. Il avait les mêmes principes que celui auquel il devait son élévation. Vergennes renouvela en secret les relations d'amitié avec Frédéric II, et tout en gouvernant par ses promesses la cour de Vienne, dans les points essentiels, il fit comprendre au jeune monarque la nécessité de soutenir la puissance de la Prusse et de contrarier tout nouvel agrandissement de la maison d'Autriche, afin de perpétuer ainsi l'influence de la France en Allemagne, et d'isoler la Grande-Bretagne des États du continent.

Louis XVI adopta le principe de son ministre des affaires étrangères et en fit la règle de sa conduite. Le respect et l'attachement filial qu'il avait pour la mère de la reine, ne lui permirent pas de rompre, tant qu'elle vivrait, l'alliance de Versailles, mais il ne la laissa subsister qu'en apparence, et ses dispositions devinrent toujours moins favorables à son beau-frère auquel il attribuait le partage de la Pologne. Lorsque les empiètements de la Russie sur les Turcs réveillèrent la jalousie de l'Autriche, cette dernière puissance envoya à Versailles le baron de Thugut, avec mission d'y proposer, en faveur de la Porte Ottomane, une alliance défensive contre la Russie. Le ministère français déclina toute nouvelle liaison, dans la crainte d'alarmer l'Europe, et prétendit qu'il serait temps de conclure une pareille alliance lorsque les Turcs seraient menacés sérieusement d'une attaque. Après cet échec, l'empereur, qui désirait connaître les sentiments réels de la cour de Versailles, se rendit en France. Il y fut accueilli d'une manière flatteuse, mais on ne lui montra que froideur et réserve sur tout ce qui eut rapport à la politique. Sa vanité en fut blessée, et ce prince revint en Autriche peu satisfait des Français, qu'il affectait de considérer comme un peuple léger et frivole (1777).

CHAPITRE VI.

—

Contestations au sujet de la succession de Bavière. — Maladie et mort de Marie-Thérèse.

—

Joseph II était à peine de retour du voyage qu'il avait fait en France, lorsque la mort de l'électeur

Maximilien-Joseph III de Bavière, qui ne laissait point de postérité masculine, parut offrir à la maison d'Autriche l'occasion d'un nouvel agrandissement (30 décembre 1777). Avec ce prince s'éteignait la branche mâle de Louis et de Guillaume de la maison de Wittelsbach. D'après les pactes de famille de Pavie et ceux qui suivirent et qui furent confirmés en 1774, son héritage, excepté les terres allodiales, revenait à l'électeur palatin Charles Théodore, de la branche de Rodolphe. Marie-Thérèse et l'empereur son fils n'en élevèrent pas moins, à différents titres, des prétentions sur près de la moitié de la succession vacante, et la cour de Vienne fit aussitôt marcher ses troupes vers les frontières de la Bavière. Comme elle avait gagné les ministres de l'électeur décédé, elle se mit facilement en possession des États qu'elle revendiquait. Charles-Théodore adressa des réclamations et se rendit à Munich où il fut reçu avec amour par le peuple. Mais il parut bientôt qu'il était déjà entré en accommodement. Le 3 janvier 1778 son ministre avait signé, et lui-même ratifia le 15 de ce mois, une transaction qui, en sacrifiant une partie de la succession, lui assurait la paisible possession du reste. Il avait ainsi abandonné, sans aucun scrupule, les intérêts de son neveu, le duc de Deux-Ponts, son héritier présomptif.

La cour de Vienne, espérant le concours de la France, et voyant la Russie engagée dans des contestations avec les Turcs au sujet de la Crimée, l'Angleterre entièrement occupée de l'insurrection de ses colonies d'Amérique, Frédéric II affaibli par les années et les infirmités, regardait le succès comme assuré. A l'ombre des lauriers dont son front était couvert, le roi de Prusse s'attachait, il est vrai, depuis quinze ans, à préserver ses États du fléau de la guerre, et à leur procurer une longue prospérité par une sage administration, mais il n'avait pas envie pour cela de rester spectateur inactif. Il avait entrevu, dans la convention du 3 janvier, des projets qui pouvaient menacer l'existence de la constitution germanique et la sûreté de la monarchie prussienne, et déjà il était d'accord avec les cours de Versailles et de Saint-Pétersbourg. Fidèle à son système, la première ne voyait point avec indifférence l'accroissement de la puissance autrichienne, et elle désirait avec ardeur de l'empêcher. La seconde se laissa persuader qu'elle était intéressée à prévenir tout changement quelconque dans le corps germanique. Dès que le rusé monarque fut sûr de l'une et de l'autre, il engagea le duc de Deux-Ponts à réclamer l'assistance de la Prusse et de la France, à refuser son consentement à la convention et à protester devant la diète (16 mars).

Mort de Marie-Thérèse.

Alors Frédéric, se montrant comme protecteur des libertés de l'Allemagne, soutint l'indivisibilité de la Bavière d'abord par des mémoires et des manifestes. La cour de Vienne répondit, et durant la discussion de cette affaire, qui fut à la fin portée devant la diète de l'empire, on fit des deux côtés des préparatifs de guerre. A tous les faits allégués par le roi de Prusse, l'impératrice-reine opposa ce lieu commun qu'il était loisible à deux parties litigantes de s'arranger comme elles le jugeaient à propos, et que le différend entre l'Autriche et l'électeur palatin ayant été terminé par une transaction, il n'était pas permis à un tiers de s'ériger en juge entre eux.

Jusque là Joseph avait paru fort modéré et disposé même à entrer dans les idées de Frédéric, mais il n'avait agi ainsi que pour gagner du temps afin de rassembler des troupes. Dès qu'il se crut en état de pouvoir lutter avec quelques chances de succès contre les forces prussiennes, il déclara qu'il ne permettrait jamais qu'un prince de l'empire se fît juge ou tuteur d'un autre; qu'il saurait se défendre et même attaquer celui qui en aurait la témérité. Les effets répondirent à ce langage; il se rendit aussitôt à l'armée, et pour ne pas se laisser retenir sur l'arrière-plan comme dans la dernière guerre, il prit lui-meme le commandement des troupes, ayant le feld-maréchal Lascy sous ses ordres (1).

Marie-Thérèse désirait sincèrement le maintien de la paix, ou, si elle était forcée de soutenir par les armes l'ambition de son fils et l'opiniâtreté de son ministre, le prince de Kaunitz, qui n'étaient pas disposés à céder, elle ne voulait pas attaquer la première, afin de pouvoir réclamer l'assistance de la France. Des négociations s'ouvrirent par conséquent entre les deux cours ; mais elles se prolongèrent sans résultat jusqu'à la fin de juin, et le 3 juillet suivant, le roi de Prusse les déclara rompues. La guerre était ainsi devenue inévitable.

Au milieu des préparatifs et des armements continués de part et d'autre, la cour de Vienne réclama de celle de Versailles le secours de 24,000 hommes, stipulé par l'alliance de 1756. Mais la France avait signé récemment un traité d'amitié avec les colonies de l'Amérique du nord révoltées contre l'Angleterre, et elle craignait d'être impliquée à la fois dans une guerre d'outre-mer et dans une autre en Allemagne. Le comte de Vergennes observa avec raison que les possessions garanties par le traité à Marie-Thérèse n'étaient pas contestées, et que la guerre avait pour objet des acqui-

---

(1) Pfister, t. 10.

sitions dont les titres étaient parfaitement ignorés à l'époque de la conclusion de l'alliance ; enfin que rien n'autorisait l'Autriche à regarder cette alliance comme un moyen d'agrandir ses États. Docile aux conseils de son ministre, Louis XVI se déclara pour la neutralité, afin de ne pas s'opposer à l'Autriche, faisant une convention avec la Bavière, et d'empêcher que la Prusse ne formât une ligue de princes protestants qui pût causer des inquiétudes à la France ; il offrit aussi sa médiation.

Depuis le mois de mars des armées formidables étaient rassemblées en Bohême et en Silésie. Joseph II, assisté du feld-maréchal Lascy, et brûlant d'envie d'acquérir de la gloire militaire, occupa, avec 100,000 hommes, la célèbre position de Konigsgratz, derrière les rives escarpées de l'Elbe, position que rendaient presque inexpugnable divers travaux et des inondations. Le duc Albert de Saxe-Teschen, ayant sous ses ordres le feld-maréchal comte Haddick, protégeait avec 30,000 hommes la Moravie. Le maréchal Loudon avec 20,000 hommes devait défendre les frontières de la Saxe et de la Lusace.

Le roi de Prusse commença les hostilités par son entrée dans la Bohême, le 5 juillet. Il occupa Nachod, s'avança jusqu'à l'Elbe et assit son camp vis-à-vis celui de l'empereur. Une autre armée de

Prussiens et de Saxons, que commandait le prince Henri, se plaça avec de grandes difficultés au bord de l'Isar, en face de Loudon, pendant qu'un troisième corps prussien couvrait la Silésie. Une lutte terrible entre 400,000 hommes, munis d'une nombreuse artillerie, était sur le point d'éclater. Marie-Thérèse seule s'opposait à une nouvelle guerre. La mort de l'électeur de Bavière lui avait causé les plus vives alarmes, et elle priait l'empereur et le prince de Kaunitz d'examiner ses droits avec calme et impartialité, et de se bien convaincre qu'ils fussent légitimes, avant de faire occuper aucune partie de la succession. La fougue de Joseph l'avait emporté sans avoir entièrement détruit les dispositions pacifiques de sa mère.

Lorsque l'armée prussienne eut pénétré en Bohême, l'impératrice-reine s'efforça d'entamer, à l'insu de son fils, de nouvelles négociations avec Frédéric II. Elle lui envoya, sous un caractère supposé, le baron de Thugut, qu'elle chargea de dire en propres termes à ce prince qu'elle était désespérée de voir qu'ils fussent sur le point de s'arracher l'un à l'autre leurs cheveux que l'âge avait blanchis. Ses vœux étaient de conclure la paix à des conditions raisonnables. « Mon âge, écrivait-elle encore au roi, et mes désirs pour la conservation de la paix sont généralement connus, et je n'en puis donner une preuve plus éclatante que la démarche que je fais aujourd'hui. Mon cœur maternel est très-affligé de voir deux de mes fils et un beau-fils à l'armée ; cette démarche, l'empereur l'ignore, et je vous prie de la tenir secrète, quelle qu'en soit l'issue. Je désire que les négociations conduites par l'empereur, et interrompues, à mon grand déplaisir, soient reprises pour être menées à bonne fin. »

Frédéric, dont l'âge et les maladies avaient diminué l'ardeur belliqueuse, accepta la proposition en assurant l'impératrice que dans l'intervalle qui s'écoulerait jusqu'à ce que la réponse arrivât, il voulait prendre de telles mesures, que Sa Majesté ne devait avoir rien à craindre pour ses fils et encore bien moins pour l'empereur, qu'il aimait et estimait, quoiqu'ils ne fussent pas d'accord dans leurs principes au sujet des affaires d'Allemagne. Le jour de cette réponse, le roi fit donner à la diète, par le ministre de Brandebourg, une déclaration sur les affaires de la succession et sur les motifs qui l'obligeaient à s'opposer à un démembrement de la Bavière. La négociation n'eut cependant pas un succès plus heureux que la précédente. L'impératrice-reine en fut profondément affligée. Quand Joseph en fut instruit, il contraria tous les efforts de sa mère pour mettre un terme aux hostilités. Elle lui envoya, par le comte de Rosenberg, un nouveau plan de pacification.

L'empereur refusa positivement de reprendre les négociations tant que les armées seraient en campagne. Il ne craignit pas de témoigner son vif déplaisir à Marie-Thérèse, et trouva honteuses les conditions qu'elle avait proposées. Il alla même jusqu'à menacer, si elle faisait la paix, de se retirer à Aix-la-Chapelle, et de rétablir dans cette ville l'ancienne résidence des empereurs.

Ce langage affligea l'impératrice-reine; elle envoya le grand-duc de Toscane à l'armée pour apaiser Joseph; mais cette mission n'eut d'autre résultat que de désunir les deux frères, qui jusqu'alors avaient vécu dans un accord parfait (1). Enfin l'empereur écrivit au roi de Prusse une lettre où il le provoquait avec dédain et dont le ton était bien différent de celui qui avait été mis en usage dans leur correspondance. A ces contrariétés qu'éprouvait Marie-Thérèse de la part de son fils, se joignaient les reproches du prince de Kaunitz, qui blâmait son désir extrême de mettre fin à la guerre. Persuadé que Frédéric désirait la paix, il soutenait qu'en déployant plus de fermeté elle obtiendrait des conditions plus avantageuses.

Les négociations furent de nouveau rompues le 15 août. Dans l'intervalle, Frédéric écrivit son *Éloge de Voltaire*, et les Autrichiens donnèrent à

---

(1) Frédéric II, *OEuvres posthumes*, t. 5.

leurs préparatifs de défense un plus haut degré de perfection. Dans ces circonstances les deux parties belligérantes n'osèrent rien entreprendre. Joseph continua d'occuper sa position, où il était impossible de l'attaquer. Le roi de Prusse éprouva un grand mécontentement de n'avoir pas suivi son premier plan d'attaque, lorsque tout lui promettait un succès certain. Il accusa l'empereur d'avoir empêché la réussite des négociations. Celui-ci se plaignait du roi, qui, suivant lui, avait l'art de trouver des amis autour du trône de sa mère. Après s'être appliqué à traverser tous ses efforts pour éviter une lutte sanglante, il obéit à contre-cœur aux ordres qu'elle lui donna. « Elle l'avait privé, écrivait-il, de l'occasion de prouver que dans le danger il pouvait aussi bien être général que *Frédéric l'Unique*. (1.) ».

Les deux armées allaient manquer de vivres, et la saison trop avancée ne leur permettait pas de continuer la campagne; il fallut penser à la retraite. Le prince Henri effectua la sienne dans le plus grand ordre et rentra en Saxe. Celle de Frédéric ne se fit qu'avec de nombreuses difficultés, mais elle obtint l'admiration même des Autrichiens, il se replia sur la Silésie. L'hiver se passa en escarmouches; les troupes impériales gagnèrent

_____

(1) Pfister, *Hist. d'Allemagne.*

quelques avantages dans le comté de Glatz ; mais les Prussiens, sous le prince héréditaire de Brunswick, restèrent maîtres d'une partie de la Silésie autrichienne. Dans cette campagne qui s'était passée en mouvements de troupes, sans siége et sans combat important, la tactique du roi de Prusse avait déconcerté la fougue du jeune empereur. Il prit ses mesures de manière qu'à l'ouverture de la campagne suivante il pouvait attaquer partout et porter la guerre de Silésie en Moravie.

Marie-Thérèse, tant qu'elle s'était flattée d'obtenir des secours ou de conclure un accommodement séparé, avait repoussé l'intervention de la France ; mais frustrée de son attente, elle réclama la médiation de la cour de Versailles, qui s'empressa d'accepter la proposition de pacifier l'empire. Comme l'impératrice de Russie était également intéressée à voir cesser la guerre en Allemagne, elle fut invitée à joindre ses bons offices à ceux de la France. Catherine II ayant aussi agréé cette offre, Marie-Thérèse lui écrivit, afin de lui témoigner son estime, son amitié, sa confiance et sa déférence, et finit sa lettre en disant qu'elle lui abandonnait le choix des moyens de réconciliation.

Dans le temps qu'on négociait, Joseph II et Kaunitz firent tous leurs efforts pour empêcher la paix. On n'était pas encore convenu d'un armistice quand l'empereur envoya le général Wallis, à la tête de 10,000 hommes, bombarder Neustadt dans la haute Silésie pour irriter le roi. Ce dessein échoua par les intentions pacifiques de l'impératrice-reine et de Frédéric II. Une suspension d'armes ayant été signée, un congrès s'ouvrit le 10 mars 1779 à Teschen, petite ville de la Silésie autrichienne. Malgré quelques difficultés inattendues, la cour de Vienne se montra facile, et la paix fut conclue le 13 mai suivant, jour anniversaire de la naissance de Marie-Thérèse. La maison d'Autriche renonça, en faveur de l'électeur palatin, à toute prétention à la succession de Bavière, et obtint pour dédommagement cette partie du cercle de Burckhausen qui, comprise entre le Danube, l'Inn et la Saltz, faisait communiquer directement l'archiduché d'Autriche avec le Tyrol.

Aucun évènement de son règne ne procura plus de satisfaction à Marie-Thérèse que la conclusion du traité de paix de Teschen. A la nouvelle que le roi de Prusse avait accédé aux conditions proposées par les puissances médiatrices, elle s'écria : « Je suis ravie de joie ! On sait que je n'ai point de partialité pour Frédéric ; cependant je dois lui rendre la justice de reconnaître qu'il s'est conduit noblement. Il m'avait promis de faire la paix à des conditions raisonnables, et il m'a tenu pa-

role. Je ressens un bonheur inexprimable de prévenir une plus grande effusion de sang. »

La direction des négociations relatives à la Bavière avait été confiée au prince de Kaunitz.
Malgré le désir qu'il avait témoigné de voir termi-
nei la contestation par les armes, il y déploya
tant de zèle et d'habileté que l'empereur et sa
mère lui donnèrent de nouvelles preuves de leur
sincère attachement. Il avait eu beaucoup à souffrir de la différence qui existait entre l'opinion de
la mère et celle du fils, et la paix fut à peine signée
que le ministre sollicita sa retraite. Mais sur les
instances pressantes des deux souverains, il consentit à conserver le timon des affaires.

Quoique l'intervention de la France eut obtenu
pour l'Autriche des conditions honorables, néanmoins l'empereur Joseph manifesta hautement
l'indignation que lui avait inspirée le refus du cabinet de Versailles de fournir les secours stipulés
par le traité de 1756. Il ne cacha point son projet
d'abandonner le système français pour rétablir les
anciennes maisons de l'Autriche avec la Grande-
Bretagne. Son mécontentement était partagé par
Marie-Thérèse, mais la tendresse de l'impératrice-
reine pour sa fille la portait à fermer les yeux sur
la conduite de son allié. Elle ne voulait pas rompre
avec la maison de Bourbon, dans laquelle cinq de
ses enfants étaient entrés par mariage. Le prince

de Kaunitz ne voyait pas non plus sans un vif déplaisir ce qui se passait; mais il ne voulut pas servir d'instrument pour détruire un traité qui devait couvrir son nom d'une gloire immortelle. Après une irrésolution assez longue, on se rapprocha de l'Angleterre. Joseph II, qui avait coutume de dire que son métier était d'être royaliste, se prononça hautement contre la révolte des colonies américaines. Marie-Thérèse offrit même à la Grande-Bretagne son intervention pour opérer une réconciliation entre cette puissance et la France.

L'offre de l'impératrice-reine ne fut pas acceptée; mais le prince de Kaunitz n'en continua pas moins des relations amicales avec le ministère britannique, dans l'espoir qu'il aiderait la cour de Vienne à se concilier la bienveillance de l'impératrice de Russie. Marie-Thérèse s'était efforcée de procurer des établissements à deux de ses fils puînés, et elle avait réussi. Léopold était grand-duc de Toscane depuis 1765, et travaillait constamment à réformer tous les abus introduits par une administration vicieuse de deux siècles. Ferdinand était gouverneur de la Lombardie autrichienne, et en vertu de son mariage avec Marie-Béatrix, fille d'Hercule Renaud, duc de Modène, il devait posséder un jour les États de ce prince. Maximilien était entré dans les ordres sacrés, et sollicitait les coadjutoreries de Cologne et de Munster; mais il éprouvait une grande opposition. La France désirait que l'électorat fût donné à un prince d'une famille moins puissante. Malgré les observations du comte de Vergennes, Marie-Antoinette obtint le consentement de Louis XVI. L'élection du jeune archiduc n'en fut pas moins traversée par le roi de Prusse qui mit en usage toute son influence sur le chapitre. Comme la Russie en avait beaucoup aussi, on résolut de rechercher l'amitié de cette puissance. Il fallait pour cela rompre les liaisons intimes qui existaient entre les cours de Saint-Pétersbourg et de Berlin.

Les desseins de Marie-Thérèse ne pouvaient être accomplis que par un envoyé d'un ordre très-supérieur; car il ne s'agissait pas de faire valoir des motifs de politique, mais d'emporter d'emblée l'amitié de Catherine II. Le caractère de cette princesse, dont les heureuses qualités étaient contrebalancées par de grands défauts et une excessive vanité, offrait un moyen pour cela. Joseph II se chargea lui-même de la mission qu'il était si difficile de confier à un autre. Informé que la czarine se proposait de visiter ses nouvelles acquisitions de Pologne, il témoigna au prince Galitzin, ambassadeur de Russie à Vienne, son désir de connaître une souveraine dont la gloire remplissait l'univers, et sollicita une entrevue avec elle pendant son voyage. Cette marque d'attention flatta la vanité de Catherine, qui fit une réponse amicale à la proposition de l'empereur, et désigna Mohiloff pour le lieu de l'entrevue.

Joseph arriva à Mohiloff le 23 mai 1780 ; deux jours après, l'impératrice y fit son entrée. Il fut présenté sans le cérémonial ordinaire, sous le titre de comte de Falkenstein, par l'ambassadeur de la cour de Vienne. Catherine, frappée de sa physionomie expressive et de ses manières aisées, conçut pour lui une estime qui alla jusqu'à l'enthousiasme. Elle l'invita à la suivre jusqu'à Saint-Pétersbourg. L'empereur y consentit, et il passa dans cette capitale tout le mois de juillet. Une réception si favorable confondit le parti du roi de Prusse. Par son adresse, Joseph II détruisit l'ascendant d'un ennemi si dangereux, et il réussit à substituer son influence à celle du vieux Frédéric. En quittant Saint-Pétersbourg, il dit à la czarine : « Je me suis montré à Votre Majesté tel que je suis, sans ruse, sans artifice. Elle peut donc juger de mon caractère et de ce que je puis valoir. Je sais qu'après mon départ on me calomniera et qu'on s'efforcera de me dénigrer ; mais je la supplie de consulter son propre jugement avant de croire aux rapports qu'on pourra lui faire. Je ne suis point flatteur, mais je dois reconnaître que Votre Majesté Impériale m'a paru bien supérieure à la haute réputation dont elle jouit. Je regarderai le peu de jours que j'ai passés près d'elle comme les plus heureux et les plus instructifs de ma vie. » Le ton de noblesse et de candeur avec lequel ces paroles furent prononcées produisit son effet. Catherine en fut attendrie jusqu'aux larmes, et l'absence de l'empereur n'effaça jamais de l'esprit de cette princesse l'impression favorable que sa présence avait faite.

Tous les efforts du roi de Prusse pour empêcher l'élection de l'archiduc Maximilien furent impuissants. La czarine, qui ne voyait plus en lui qu'un vieillard rapace, guidé par une politique tortueuse et perfide, répondit par un refus positif à toutes les propositions qu'il lui adressa à cet égard, et elle donna l'ordre à ses ministres près des différentes cours d'Allemagne, de favoriser l'élection du jeune frère de l'empereur. Elle eut lieu malgré les intrigues de Frédéric, et Marie-Thérèse éprouva la satisfaction d'avoir rétabli sur des bases solides les anciennes relations de sa famille avec la Russie.

Joseph II revint à Vienne pour assister à la mort de son auguste mère. Depuis longtemps cette princesse éprouvait des suffocations, effets de son excessif embonpoint, et ses jambes enflaient. Le déclin progressif de sa santé ne l'empêcha pas d'aller prier, le 18 novembre, pour la dernière fois, sur le tombeau de son époux, feu l'empereur François. Elle avait voulu visiter le caveau où elle avait fait élever un monument pour elle-même. Au retour, elle éprouva des frissons et un affaiblissement. Le lendemain, elle fut saisie d'un catarrhe accompagné des symptômes les plus dangereux, que ne purent dissiper tous les secours de l'art, et qui mit promptement fin à ses jours. Le courage héroïque dont elle avait donné tant de preuves pendant toute sa vie, et surtout dans les commencements difficiles de son règne, ne l'abandonna point dans ses derniers moments. Au milieu des souffrances les plus cruelles, Marie-Thérèse ne laissa pas échapper une seule plainte, pas un soupir, pas un seul mouvement d'impatience. Soumise aux décrets de la Providence, elle craignait seulement que la résignation du chrétien ne l'abandonnât si sa tête s'égarait. « Dieu veuille que cela finisse bientôt ! s'écria-t-elle en sortant d'une crise, sans quoi je ne sais si je pourrai le supporter plus longtemps. Ce fut dans le même esprit qu'elle dit à l'archiduc Maximilien : « Ma fermeté et ma constance ne m'ont point abandonnée jusqu'à ce moment. Priez le ciel, vers lequel tendent tous mes vœux, pour que je les conserve jusqu'au dernier instant. » Après une suffocation, elle vit l'empereur fondre en larmes. « Je vous supplie de m'épargner, lui dit-elle, car cette vue pourrait me faire perdre toute ma fermeté. »

Après avoir reçu le saint viatique et l'extrême-
onction, l'impératrice-reine rassembla toute sa
famille autour d'elle ; elle leur adressa ces paroles
touchantes : « Mes chers enfants, je suis munie
des sacrements de la sainte Église, et je sais qu'il
n'y a plus d'espérance de guérir de ma maladie.
Vous devez vous souvenir avec quels soins et
quelle sollicitude feu l'empereur votre père et
moi avons continuellement travaillé à votre éducation, combien nous vous avons toujours aimés,
et nous nous sommes attachés à vous procurer ce
qui pouvait faire votre bonheur. Comme tout ce
que j'ai au monde vous appartient de droit, dit-
elle ensuite en regardant Joseph II, je ne puis en
disposer. Mes enfants seuls m'appartiennent, et
seront toujours à moi. Je vous les remets ; soyez
leur père, je mourrai tranquille si vous me pro-
mettez d'avoir soin d'eux en tout et partout. »
Adressant ensuite la parole à ses autres enfants,
elle reprit : « Regardez dorénavant l'empereur
comme votre souverain ; obéissez-lui, et respec-
tez-le comme tel ; suivez ses conseils, mettez en
lui toute votre confiance, aimez-le sincèrement,
afin qu'il ait tout sujet de vous accorder ses soins,
son amitié et sa bienveillance. » Après ce discours, Marie-Thérèse donna à chacun d'eux sa
bénédiction ; tous pleuraient, sanglotaient. Voyant

leur profonde affliction, elle leur dit, d'un air tranquille : « Je crois que vous feriez bien de passer dans une autre chambre pour vous remettre. »

Chaque fois qu'elle revenait d'un évanouissement, Marie-Thérèse s'occupait des soins du gouvernement avec l'empereur. La veille même de sa mort, elle signa encore toutes les dépêches de sa propre main. Elle chargea le comte d'Esterhazy, chancelier de Hongrie, de remercier en son nom tous les départements des services qu'ils lui avaient rendus pendant le cours de son règne. Elle lui remit par écrit ceux qu'elle adressait à la nation hongroise en général pour la fidélité et l'attachement qu'elle lui avait témoignés. Elle le pria d'assurer ce peuple qu'elle l'avait recommandé de la manière la plus forte à son fils ; elle se flattait que le zèle des Hongrois ne se démentirait pas, et qu'ils agiraient envers l'empereur, son successeur, comme ils avaient agi envers elle. Marie-Thérèse écrivit aussi au prince de Kaunitz, dans les termes les plus obligeants, pour le remercier de ses importants services.

Dans la nuit du 28 au 29, elle s'entretint longtemps avec Joseph II, qui l'invita à tâcher de prendre quelque repos. Elle lui répondit : « Dans quelques heures, je dois paraître au jugement de Dieu, et vous voulez que je puisse dormir ! »

L'empereur s'efforça de persuader à la pieuse malade que le mal n'était pas si avancé. Elle demanda alors quelle heure il était. On lui répondit : « Deux heures. » Elle regarda fixement Joseph et dit en allemand : « Eh ! que faisons nous là à cette heure-ci ? » Il paraît que ce fût là une légère aliénation d'esprit. Elle recommanda de nouveau à l'empereur sa famille, ses peuples, et surtout les pauvres... *Mes pauvres pensionnés !... mes pauvres orphelins !* disait-elle. Elle lui fit promettre de ne rien changer dans les aumônes de sa cassette, le chargea de sa bénédiction pour ses enfants absents et ses petits-enfants, et ordonna elle-même ses funérailles. Joseph, attendri, ne put s'empêcher de lui témoigner l'admiration que lui inspiraient sa fermeté héroïque et sa résignation chrétienne. Elle sourit avec bonté, et lui dit : « L'état où je suis est l'écueil de ce qu'on appelle grandeur et force ; tout disparaît dans ces moments. La tranquillité où vous me voyez vient de celui qui sait la pureté de mes vues. Pendant un règne pénible de quarante années, mon intention constante a été de faire le bien. J'ai aimé et recherché la vérité ; peut-être n'est-elle pas venue toujours jusqu'à moi ; peut-être ai-je été trompée dans mon choix ; mes intentions ont pu être mal comprises, encore plus mal exécutées ; mais celui qui sait tout, a vu le fond de mon cœur : la tranquillité dont je jouis est une première grâce de sa miséricorde, qui m'en fait espérer d'autres. Je n'ai jamais fermé mon cœur aux cris des malheureux : c'est la plus consolante idée que j'aie dans mes derniers moments. »

Si Marie-Thérèse regretta la vie, ce ne fut pas afin de jouir encore des vains honneurs dont s'entoure le pouvoir ; elle craignait que les personnes soutenues jusqu'alors par ses charités secrètes ne fussent privées de tout moyen de subsistance lorsqu'elle ne serait plus. « Si je désirais l'immortalité, dit-elle à ceux qui se tenaient près de son lit de mort, ce serait pour soulager les malheureux. » Ces paroles et celles qu'elle prononça peu d'instants avant d'expirer, ne seront jamais oubliées. Elles sont l'expression de la bonté qui la faisait adorer de ses sujets ; elles peuvent être aussi une leçon pour les rois. « S'il a été commis pendant mon règne quelque chose de répréhensible, cela s'est certainement fait à mon insu, car j'ai toujours eu le bien en vue. » Témoignage bien consolant pour ceux à qui la Providence a confié le gouvernement des peuples, lorsqu'ils peuvent se le rendre comme l'impératrice-reine dans cet instant suprême où l'âme tourne ses pensées vers le ciel. Les sentiments religieux dont Marie-Thérèse était pénétrée, répandirent sur ses derniers moments une sérénité d'esprit à laquelle semblait

se mêler quelque chose de surnaturel et de sacré
qui laissa une profonde impression dans les cœurs
des assistants. Cette grande princesse mourut
entre les bras de l'empereur son fils, le 29 novembre 1780, âgée de soixante-trois ans et demi,
dans la quarante-unième année de son règne.

Joseph II assembla aussitôt les ministres de la
cour, et ratifia en leur présence les dernières volontés de l'impératrice-reine. Elles portent toutes
l'empreinte de la bienfaisance et de la bonté qui
l'ont caractérisée pendant toute sa vie. Sa mort
causa un deuil universel parmi ses sujets. Jamais
la perte d'un souverain n'excita des regrets plus
vrais et plus sentis. Quel panégyrique peut être
plus éloquent que ce concert unanime de tous
ses États héréditaires qui s'accordaient à louer
cette auguste et vertueuse princesse? On se plaisait à citer quelques-uns des traits d'humanité
dont chaque jour de son règne avait été marqué.
On se souvenait qu'un jour, ayant aperçu un soldat malade qui était en faction à la porte d'une
de ses maisons de plaisance, elle l'avait fait relever aussitôt et conduire dans une voiture jusqu'à l'hôpital. Informée que la maladie de ce
jeune homme n'avait d'autre cause que l'indigence et l'éloignement d'une mère qu'il ne pouvait plus nourrir du travail de ses mains, l'impératrice avait envoyé chercher cette femme

jusqu'à Brinn en Moravie, distance de quarante lieues, pour la réunir à son fils. « Je suis charmée, lui avait-elle dit, de vous remettre moi-même un enfant qui vous est si tendrement attaché. Je vous donne une pension pour suppléer à son travail, et je vous recommande à tous les deux de vous aimer toujours. »

Une autre fois, Marie-Thérèse, rentrant dans son palais, aperçut une femme et deux enfants qui se traînaient à ses pieds. « Qu'ai-je donc fait à la Providence, s'écria-t-elle, pour qu'un semblable malheur arrive sous mes yeux ? » Elle assura qu'on allait les soulager, et dans l'instant même ordonnant de leur apporter son dîner, elle ne se nourrit que des larmes qu'elle versa, sans pouvoir se résoudre à manger. « Ce sont mes enfants, dit-elle, ils ne seront plus réduits à mendier. »

Le corps de l'impératrice-reine fut, depuis le 1er décembre au matin jusqu'au 3 du même mois, exposé sous un vêtement très-simple, ainsi qu'elle l'avait désiré. L'urne qui renfermait son cœur fut portée, le 2 au soir, dans la chapelle de Notre-Dame de Lorette, contiguë au palais. On y lisait l'inscription suivante : « Dans cette urne est renfermé le cœur auguste de Marie-Thérèse, impératrice des Romains, reine de Hongrie et de Bohême : souveraine pieuse, humaine et juste, qui pendant sa vie consacra ce cœur à Dieu, à ses sujets et au salut public. Sa libéralité prévint le pauvre, la veuve et l'orphelin ; sa grandeur d'âme dans l'adversité l'éleva au-dessus de son sexe. Née le 13 mai 1717, elle mourut le 29 novembre 1780. »

Ses entrailles furent déposées dans un caveau pratiqué devant le maître-autel de l'église métropolitaine de Saint-Étienne, où se trouvent celles des autres princes et princesses de la maison d'Autriche, avec cette autre inscription : « Ici sont déposées les entrailles de Marie-Thérèse, impératrice des Romains, reine de Hongrie et de Bohême, et archiduchesse d'Autriche. Elle fut pendant sa vie la mère de l'État, l'amour de ses peuples, la gloire de sa race, l'appui et l'ornement du trône. Née en 1717, le 13 mai, elle est morte le 29 novembre 1780. »

Le 3 décembre au soir, le corps de l'impératrice-reine, placé sur un char, fut conduit à l'église des Capucins, puis descendu dans le caveau où s'élevait son monument funéraire, près du tombeau de François Ier son époux. Sans cesse occupée de l'idée de la mort, elle avait cousu elle-même son habit mortuaire ; c'est dans cette robe funèbre faite avec le plus grand secret, de sa main royale, qu'elle fut ensevelie. On célébra ses obsèques avec la pompe et l'appareil d'usage, au milieu des larmes et des bénédictions d'un peuple entier. Conformément à ses ordres, les princesses ses filles n'y assistèrent pas. L'empereur et l'archiduc Maximilien furent seuls présents à cette triste et touchante cérémonie; on n'y prononça point d'oraison funèbre.

L'histoire du règne de Marie-Thérèse nous a montré d'une manière assez distincte le caractère de l'illustre fille de Charles VI. A tout ce que nous avons dit, il suffira d'ajouter qu'elle savait concilier une stricte économie avec la générosité d'une souveraine, unir la condescendance à la dignité, l'élévation de l'âme à l'humilité d'esprit, et les vertus domestiques aux qualités brillantes qui embellissent le trône. Elle a sans doute tenu à l'humanité par quelques faiblesses, et quelquefois la grande souveraine a été femme. Mais elle était adorée de tous ses sujets, et sa mort les a plongés dans la plus vive douleur. Ils considérèrent son règne comme une ère de gloire et de félicité; et les jours de Marie-Thérèse furent l'âge d'or pour les peuples de la maison d'Autriche, qui lui avaient donné le tire glorieux de *Mère de la patrie*.

Frédéric lui-même rendit hommage à ses vertus. « J'ai donné des larmes bien sincères à sa mort, écrivait-il à d'Alembert, elle a fait honneur à son sexe et au trône. Je lui ai fait la guerre, et je n'ai jamais été son ennemi. »

Marie-Thérèse emporta dans la tombe la consolation de laisser tous ses enfants sur le trône ou près du trône. Marie-Antoinette était assise sur celui de France; Marie-Charlotte-Louise, reine de Naples; Marie-Amélie, duchesse de Parme. Joseph II lui succédait dans tous les États héréditaires d'Autriche; Ferdinand était gouverneur de la Lombardie; Maximilien, grand maître de l'ordre Teutonique, coadjuteur de Munster et électeur de Cologne; enfin Marie-Christine, unie au duc de Saxe-Teschen, fils d'Auguste III, roi de Pologne, gouvernait les Pays-Bas. Cette dernière princesse avait reçu en partage de la nature les charmes et les heureuses qualités de son auguste mère.

FIN.

TABLE.

CHAPITRE III.

CHAPITRE IV.

CHAPITRE V.

CHAPITRE VI.

FIN DE LA TABLE.

ROUEN. Imp. MÉGARD et Cie, Grand'Rue, 166.